MINECRAFT

MOJANG STUDIOS

9. Auflage 2025
Copyright der deutschsprachigen Ausgabe:
© Schneiderbuch in der Verlagsgruppe HarperCollins Deutschland GmbH,
Valentinskamp 24 · 20354 Hamburg
info@harpercollins.de

Die englische Originalausgabe erschien 2021 unter dem Titel
„MINECRAFT – Bite-Size Builds. Over 20 exciting Mini-Projects" bei Egmont Books UK.
An imprint of HarperCollinsPublishers
1 London Bridge Street, London SE1 9GF

Written and edited by Thomas McBrien
Designed by John Stuckey
Illustrations by Ryan Marsh
Production by Louis Harvey and Laura Grundy
Special thanks to Alex Wiltshire, Filip Thoms, Amanda Ström, Sherin Kwan,
Åsa Skogström and Isabella Balk
This book is an original creation by Egmont Books UK.

Übersetzt aus dem Englischen: Josef Shanel und Matthias Wissnet
Umschlag und Satz: Achim Münster, Overath
In Anlehnung an das englische Original
ISBN: 978-3-505-15023-4
Printed in Italy

MIX
Papier aus verantwortungsvollen Quellen
FSC® C005461

www.schneiderbuch.de
Facebook: facebook.de/schneiderbuch
Instagram: @schneiderbuchverlag

HINWEIS:
Alle Begriffe im Text beziehen sich auf die aktuelle Bedrock Edition.

ONLINE-SICHERHEIT FÜR JÜNGERE FANS

Online spielen macht Spaß! Um die Minecraft-Welt auch im Internet unbeschwert genießen zu können, solltest du ein paar Regeln beachten:

- Gib niemals deinen richtigen Namen an. Verwende ihn nicht als Benutzernamen.
- Mache niemals Angaben zu deiner Person.
- Erzähle niemandem, welche Schule du besuchst oder wie alt du bist.
- Vertraue niemandem dein Passwort an, außer deinen Eltern oder Erziehungsberechtigten.
- Für viele Webseiten musst du mindestens 13 Jahre alt sein, wenn du dort ein Benutzerkonto einrichten willst. Bitte deine Eltern oder Erziehungsberechtigten um Erlaubnis, bevor du dich registrierst.
- Wenn dich irgendetwas verunsichert, sprich mit deinen Eltern oder Erziehungsberechtigten darüber.

Jede der in diesem Buch aufgeführten Webseiten-Adressen war zur Drucklegung aktuell. Dennoch kann HarperCollins keine Verantwortung für den angebotenen Inhalt Dritter übernehmen. Bitte nehmen Sie zur Kenntnis, dass sich im Internet angebotene Inhalte ändern und nicht für Kinder geeignete Inhalte auf Webseiten auftauchen können. Wir empfehlen, Kinder zu beaufsichtigen, wenn diese das Internet benutzen.

MINECRAFT

MINI-PROJEKTE

ÜBER 20 EXKLUSIVE BAUANLEITUNGEN

MOJANG STUDIOS

INHALT

EINFÜHRUNG

Willkommen zu den Mini-Projekten! Dieses Buch ist vollgestopft mit spaßigen kleinen Bauprojekten, die du in Minecraft umsetzen kannst. Es gibt viel auszuprobieren – wie wär's zum Beispiel mit einem Feen-Baumhaus, einem Löschflugzeug oder einer Jahrmarktattraktion? Ganz zu schweigen von einer Superhelden-Flugschule! Wie cool ist das denn?

In Minecraft gibt es immer etwas Neues zu lernen, aber keine Sorge! Explosionszeichnungen und detaillierte Schritt-für-Schritt-Anleitungen lassen keine Fragen beim Bauen offen, und mit jedem Projekt lernst du neue Tricks, die du bei einem späteren wieder einsetzen kannst. Die Projekte unterscheiden sich in Umfang und Schwierigkeit – der Infokasten am Anfang jedes Bauwerks klärt dich diesbezüglich auf.

Dieses Buch setzt auf Kreativität, und das solltest du auch. Wenn du der Meinung bist, das Bauwerk würde mit anderen Blöcken oder diversen Designänderungen besser aussehen, dann folge deinem Instinkt und mach es dir zu eigen – und schon bald wird die Welt dein unglaubliches Talent bestaunen können!

ALLGEMEINE BAUTIPPS

Die Projekte in diesem Buch eignen sich für Anfänger wie für Profis. Ob du nun Minecraft zum ersten Mal spielst oder bereits ein alter Hase bist, hier sind ein paar allgemeine Tipps, damit du den Anleitungen mühelos folgen und die Bauwerke problemlos umsetzen kannst.

KREATIVMODUS

Erstelle die Bauwerke im Kreativmodus. Da er unbegrenzten Zugriff auf alle Blöcke bietet und diese sofort wieder entfernt werden können, gibt es keinen einfacheren Weg, in Minecraft zu bauen. Falls du Herausforderungen liebst, kannst du alle Projekte natürlich auch im Überlebensmodus angehen – aber sei gewarnt! Das wird wesentlich mehr Zeit und Vorbereitung benötigen.

PROJEKTPLANUNG

Bevor du dich ans Bauen machst, solltest du dir die Anleitungen in Ruhe ansehen und überlegen, wo du bauen möchtest und wie viel Platz du dafür brauchen wirst. Es gilt: Lieber zu viel als zu wenig Platz!

VORÜBERGEHENDE BLÖCKE

Vorübergehende Baublöcke sind ideal, um Abmessungen vorzunehmen und schwebende Blöcke oder Gegenstände zu platzieren. Damit schaffst du es auch, Blöcke an schwierigen Stellen zu setzen.

Messungen nimmst du am besten mit verschiedenfarbigen Blöcken vor. Diese Reihe stellt 13 Blöcke dar.

Verwende vorübergehende Blöcke, um zu sehen, wo schwebende Blöcke hinkommen.

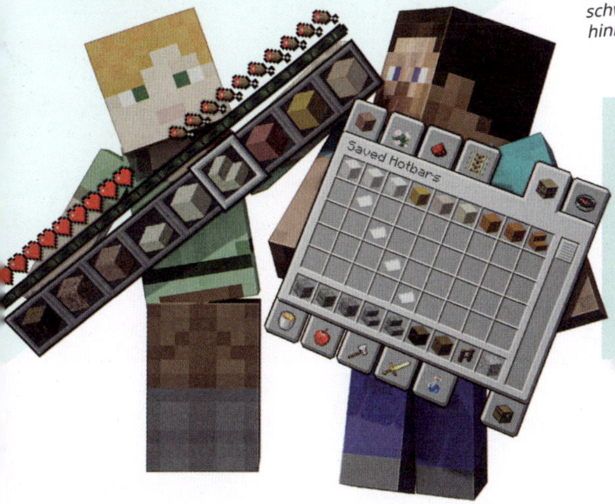

SCHNELLZUGRIFFSLEISTEN

Die meisten Bauwerke benötigen viele verschiedene Blöcke. Um alle stets zur Hand zu haben, kannst du sie vorher in die Schnellzugriffsleiste aufnehmen – und wenn eine nicht genügt, kannst du bis zu neun davon im Inventarfenster abspeichern.

BLOCKPLATZIERUNG

Einen Block neben einem interaktiven Block wie zum Beispiel einem Zaubertisch zu platzieren, kann knifflig sein. Wenn du die Taste drückst, um deinen Block zu platzieren, interagierst du stattdessen mit dem interaktiven Block. Um das zu vermeiden, musst du zunächst in die Hocke gehen, bevor du die Taste drückst.

CREEPER IM WALD

Mit grundlegenden Formen kannst du jede Menge beeindruckende Bauwerke erschaffen. In diesem Projekt bauen wir ein klassisches Monster, den Creeper, aus quadratischen und rechteckigen Formen. Zeig allen einfallenden Kreaturen, dass du keine Angst vor ihnen hast!

SCHWIERIGKEIT: ★☆☆☆☆

20 Minuten

BAUTIPP

Verwende vorübergehende Blöcke, um Rumpf und Füße miteinander zu verbinden, und entferne sie wieder, sobald du fertig bist.

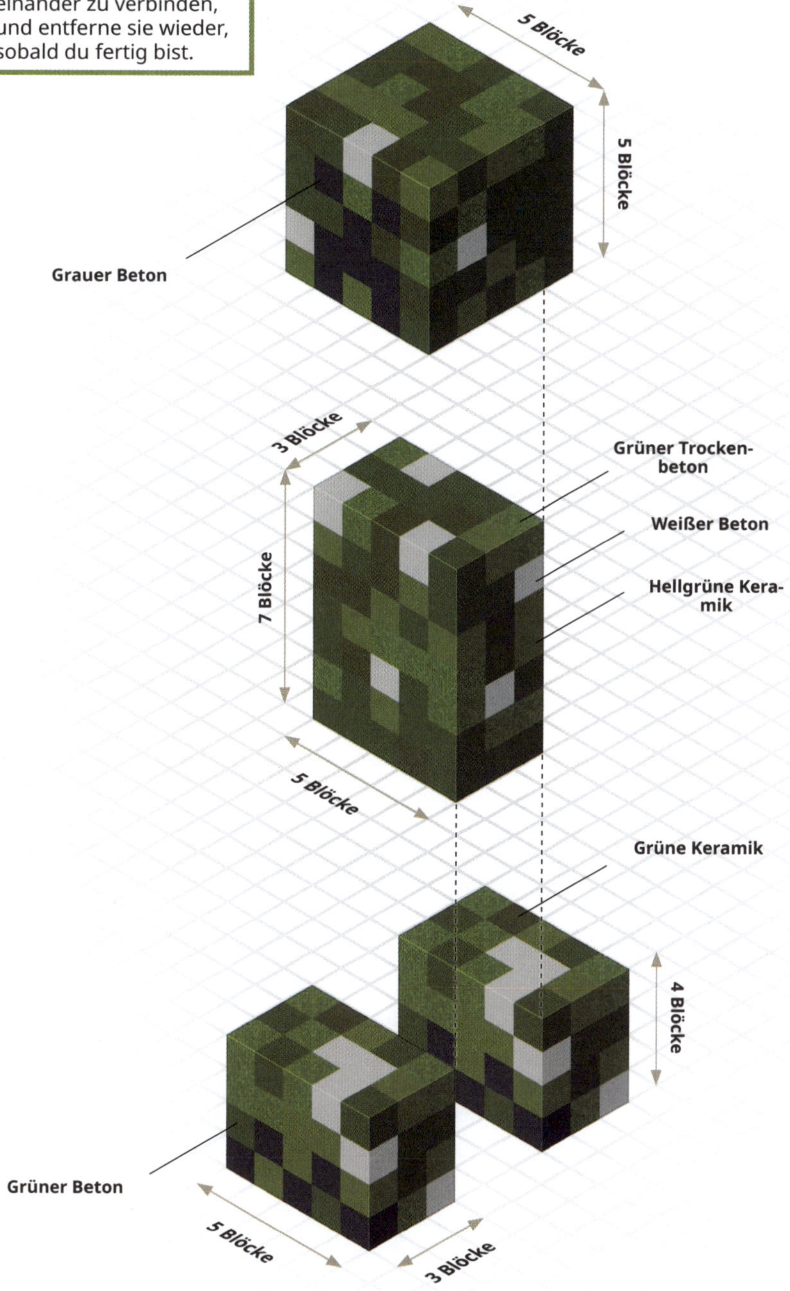

GIFTPILZHAUS

Kaum etwas mutet magischer an als ein Giftpilzhaus am Rand eines alten, vergessenen Walds. Bienen, Pilze und vielleicht sogar eine Hexenhütte in der Nachbarschaft machen dieses Zuhause zum idealen Ausgangspunkt für märchenhafte Abenteuer.

SCHWIERIGKEIT: ★★☆☆☆

35 Minuten

1

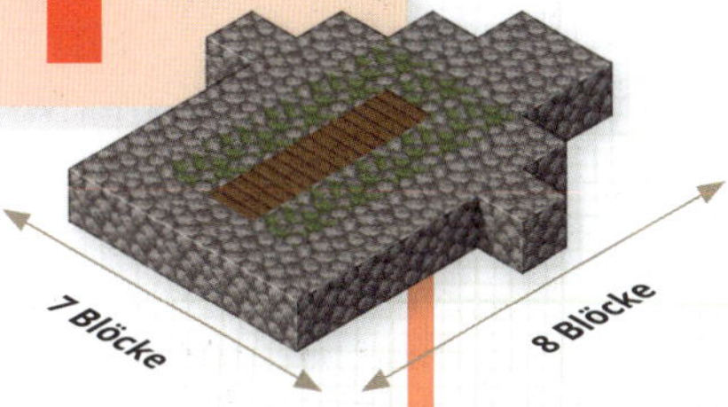

Baue zuerst das Fundament für dein Giftpilzhaus aus Bruchstein, bemoostem Bruchstein und Fichtenholzbrettern. Der Bruchstein bildet dabei die Kontur.

2

Baue als Nächstes von der Kontur ausgehend die Wände in die Höhe, hierfür verwendest du bemoosten Bruchstein und Pilzstämme. Platziere eine geöffnete Falltür auf den Boden, gehe in die Hocke und bringe eine Leiter daran an. Daneben setzt du zwei Truhen.

3

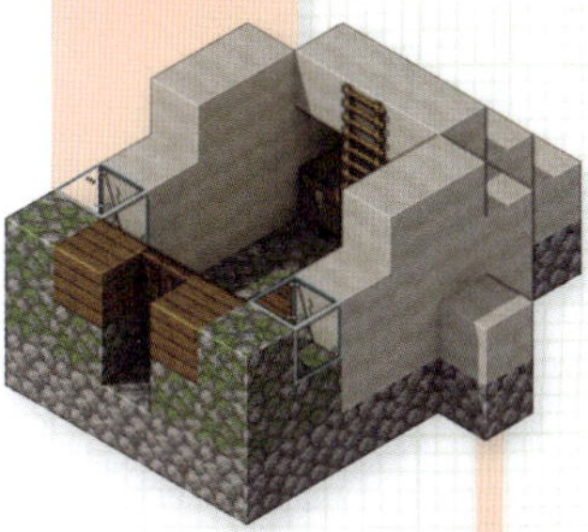

Baue die Wände mit bemoostem Bruchstein, Pilzstämmen, Fichtenholzbrettern und Glas weiter aus. Erweitere die Leiterkonstruktion um zwei weitere Eichenfalltüren mit Leitern daran und setze eine Eichentür im Eingangsbereich ein.

4

Setze drei bemooste Bruchsteine und einen Block Fichtenholzbretter auf den Eingangsbereich und konstruiere ein Dach aus Eichenholztreppen und -stufen, wie im Bild zu sehen. Baue den Giftpilzstamm weiter in die Höhe, indem du zwei 3 × 3 Blöcke große Pilzstammringe daraufsetzt, und erweitere dementsprechend auch die Leiter durch den Stamm.

5

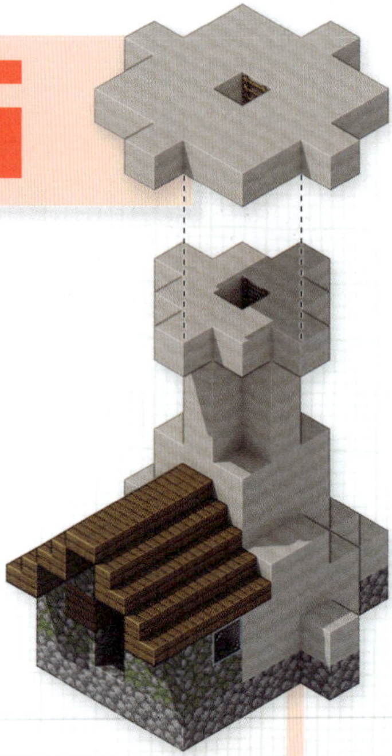

Baue nun die nächsten fünf Schichten des Giftpilzstamms. Die obersten zwei Schichten sind größer, um die Hutform vorzubereiten. Erweitere dementsprechend wieder die Leiter durch den gesamten Stamm.

6

Baue jetzt den Hut mit einer 5 × 5 Blöcke großen Schicht aus Pilzstämmen, Fichtenholzbrettern und roten Pilzblöcken, wie in der Abbildung zu sehen. Hänge Laternen an Fichtenzäunen auf und bringe Ranken am Giftpilzstamm an, die nach unten verlaufen.

7

Tob dich bei der Inneneinrichtung aus. Im gezeigten Raum finden sich ein Bett, Truhen, Bücherregale und ein Lesepult, um deine Abenteuer zu archivieren.

Füge einen Ring aus roten Pilzblöcken, Fichtenstämmen und Fichtenholzstufen am äußeren Hutrand hinzu. Erweitere die Leiter bis ganz nach oben und platziere eine Fichtenfalltür darauf.

8

Baue jeweils ein Fenster auf jeder Seite des Huts, bestehend aus je zwei Fichtenholzbrettern, einer Glasscheibe und einer Fichtenfalltür. Verbinde dann alle Fenster mit im Zickzack verlegten roten Pilzblöcken, um dem Hut seine rundliche Form zu geben.

9

Füge über jedem der Fenster Dächer aus Fichtenholztreppen und -stufen hinzu. Verwende wieder rote Pilzblöcke, um die Dächer miteinander zu verbinden.

10

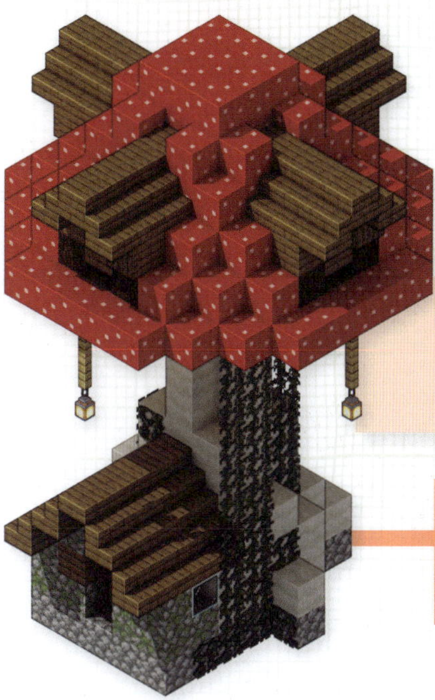

Zum Schluss rundest du den Hut mit einem weiteren Ring aus roten Pilzblöcken und einem 3 × 3 Blöcke großen roten Pilzblockdach ab. Dein Giftpilzhaus ist bereit, dich in die kühnsten Abenteuer zu entlassen!

STRANDHÜTTE

Am Strand entstehen schöne Erinnerungen und Sorgen werden vergessen. Diese kleine Hütte ist der perfekte Ausflugsort und bietet dir die Möglichkeit, beim Angeln, Schwimmen und am Lagerfeuer so richtig auszuspannen. Sie ist direkt am Ozean gelegen und glänzt sogar mit einem privaten Steg und einer Veranda mit Meeresblick.

SCHWIERIGKEIT: ★★★☆☆

25 Minuten

1

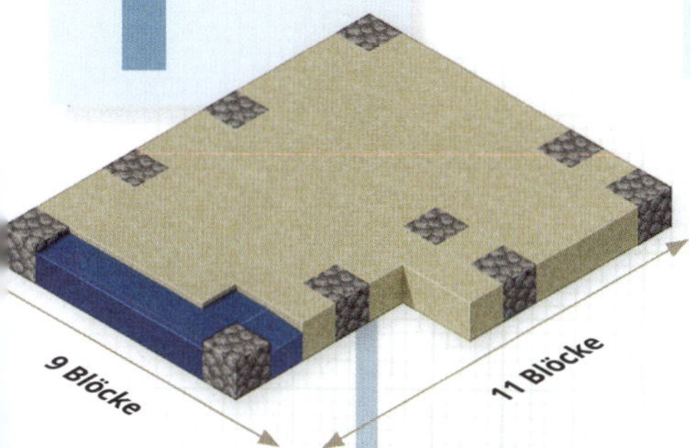

Suche dir einen lauschigen Strand am Ozean und baue das Fundament für deine Strandhütte aus Bruchstein und Sand. Sollte das Wasser dort tief sein, verlängere den Bruchstein im Wasser nach unten, bis er zum Grund reicht.

2

Erhöhe als Nächstes deine Hütte mit zehn jeweils zwei Blöcke hohen Eichenholzsäulen. Füge dann einen Fußboden aus Akazienholzstufen hinzu und verlege im hinteren Bereich einen Küchenboden aus grauem und weißem Beton im Schachbrettmuster. Ein Aufgang aus Akazienholztreppen führt zum Eingang.

onstruiere us drei Birkenolztreppen eine itzbank.

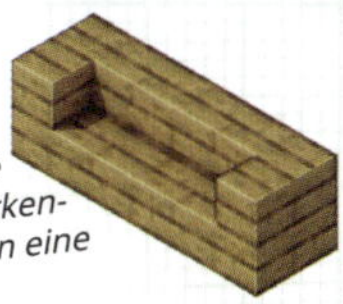

3

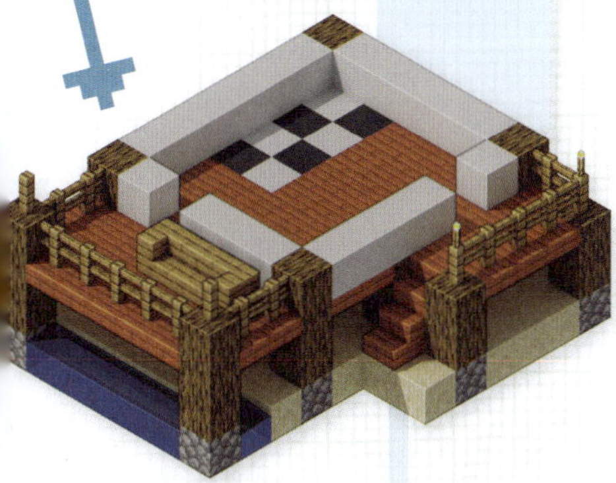

Beginne mit dem Bau der Wände und verwende dafür weißen Beton und Eichenholz. Füge dann Geländer hinzu, bestehend aus Eichenholz und Eichenzäunen, und platziere zwei Fackeln am Eingang, wie im Bild zu sehen.

Verwende Antriebsschienen, Öfen und Quarztreppen, um einen schicken Küchenherd zu erhalten.

4

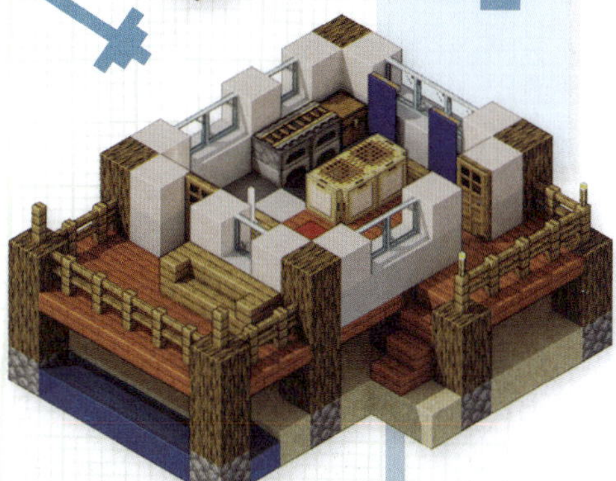

Baue die Wände weiter mit glatten Quarzblöcken, Eichenholz und Glasscheiben aus. Konstruiere einen schicken Küchenherd und setze Eichentüren ein. Statte den Raum dann mit Bannern, Betten und einer Truhe aus.

5

Baue aus Gerüsten und Birkenfalltüren einen hübschen Tisch.

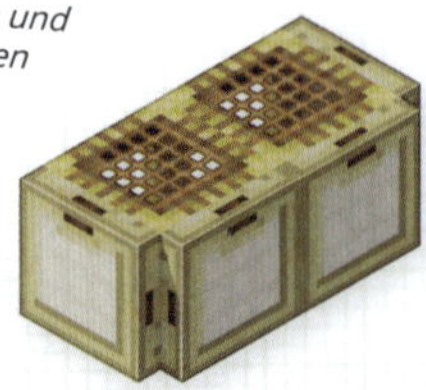

Baue die Wände mit Eichenstämmen und weißem Beton weiter aus und verlege auf der vorderen und hinteren Mauer je eine Reihe aus drei glatten Quarzblöcken, die die Dachkonstruktion stützen werden. Spendiere der Küche noch einen hübschen Tisch.

6

Baue ein Hüttendach aus dunklen Prismarin- und Akazienholzstufen. Erstelle zuerst die Kontur aus dunklen Prismarinstufen und fülle das Dach dann mit geschichteten Akazienholzstufenreihen aus.

7

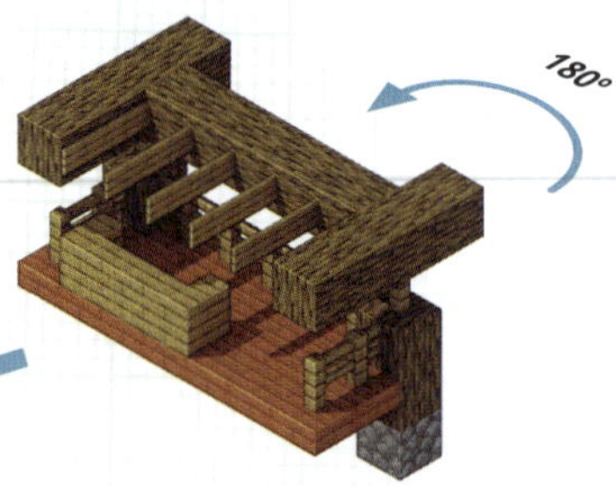

Baue eine Pergola an die Hütte an, indem du oberhalb der Veranda eine H-förmige Konstruktion aus Eichenholz und Eichenstämmen anbringst. Verbinde diese dann mit Latten aus Eichenschildern mit der Strandhütte.

8

Lege einen Kiesweg bis zum Treppenaufgang an und säume ihn mit Blumenbeeten aus Birkenfalltüren und Erde. Jetzt musst du der Strandhütte nur die nötigen Komfortakzente verpassen, dann kannst du dich zurücklehnen und genießen!

KOMFORTAKZENTE

Was ist eine Strandhütte schon ohne Steg und Lagerfeuer? Und wenn du vorhast, zu schwimmen, wirst du auch einen Handtuchhalter brauchen. Diese Akzente setzen deinem Bauwerk die Krone auf.

Den Handtuchhalter kannst du mit Eichenzäunen und einer Akazienholzstufe erstellen. Von der Stufe herabhängende Banner sehen aus wie zum Trocknen aufgehängte Handtücher!

Deinen kleinen Privatsteg kannst du aus Eichenholz und Akazienholzstufen bauen. Ein paar Fackeln auf Zaunpfählen sorgen dafür, dass du ihn auch nachts ansteuern kannst.

Mit Bruchstein, einem Lagerfeuer und Eichenstämmen erschaffst du eine gemütliche Feuerstelle im Freien. Platziere die Eichenstämme sowohl hochkant als auch auf der Seite liegend, um für Variation bei den Sitzgelegenheiten zu sorgen.

ALARMANLAGE

Vor aggressiven Kreaturen kannst du deine Basis mit Wänden und Fallen schützen, aber wie hältst du dir clevere Spieler vom Leib? Natürlich mit einer noch clevereren Alarmanlage! In diesem Projekt lernst du, wie du mittels eines simplen Redstone-Mechanismus deine wertvollen Güter vor unerwünschten Besuchern schützt.

SCHWIERIGKEIT: ★★★★☆

10 Minuten

BAUTIPP

Alarmanlagen können leicht angepasst werden. Um die Sicherheitsstufe zu erhöhen, kannst du die Anlage auch mit versteckten Fallen verbinden.

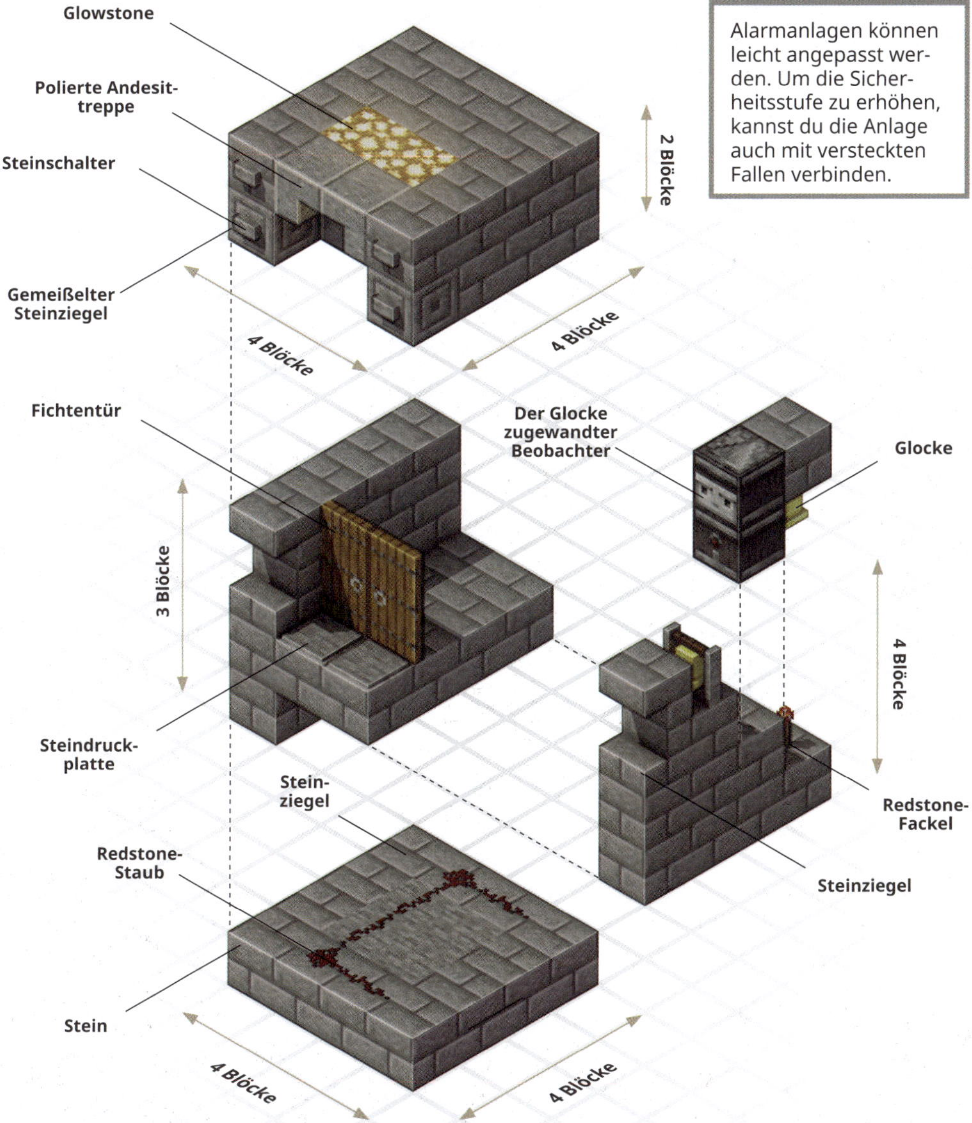

REDSTONE-MECHANISMUS

Diese Alarmanlage verwendet einen simplen Redstone-Schaltkreis, um die Glocken zu läuten. Die Druckplatten im Eingangsbereich sind mit der Redstone-Fackel verbunden, die die Glocken aktiviert. Sobald ein Spieler auf eine der Druckplatten tritt, schlagen die Glocken Alarm und verraten dessen Anwesenheit.

TRESOR DES ÜBERLEBENSKÜNSTLERS

Bei den Hunderten von Blöcken und Gegenständen in Minecraft ist es kein Wunder, dass der Inhalt deiner Truhen schnell unübersichtlich werden kann. Diese unterirdische Schatzkammer schafft Abhilfe und ist ein Muss für jede Basis im Überlebensmodus, denn hier findest du jeden Block auf den ersten Blick.

SCHWIERIGKEIT: ★★★☆☆

30 Minuten

1

Hebe zunächst einen 9 × 9 × 9 Blöcke großen Bereich aus und baue dann ganz unten im entstandenen Loch ein Fundament für deine Schatzkammer aus Bruchstein, Bruchsteintreppen und Steinziegeln.

2

Beginne mit dem Bau der Wände an den Rändern des Fundaments. Lasse dabei in der Mitte jeder Wand einen Block frei und platziere eine Leiter in eine der entstandenen Lücken.

3

Platziere insgesamt acht Doppeltruhen, sodass zwei auf jeder Seite sind. Fülle die Wände seitlich der Truhen mit Steinziegeln auf und setze eine weitere Leiter auf die vorherige.

4

Füge den Wänden eine weitere Schicht aus Steinziegeln und Eisengittern hinzu. Letztere kommen über alle Doppeltruhen und zwei der Lücken. Platziere über den Eingang eine auf dem Kopf stehende Steinziegeltreppe.

5

Stimmungsvolle Beleuchtung kannst du aus einem Lagerfeuer und einem Kessel bauen.

Verwende polierte Schwarzsteinknöpfe, Laternen und Nutzblöcke, um das Innere auszuschmücken. Unsere Schatzkammer verfügt über einen Amboss, einen Schleifstein, einen Ofen und eine Werkbank.

6

Füge als zweites Stockwerk eine Galerie hinzu, um den Stauraum deiner Schatzkammer zu vergrößern – verwende dafür Steinziegel, Fichtenholzstufen und Bruchsteintreppen. Erweitere auch die Leiter, damit sie bis zum neuen Stockwerk reicht.

7

Füge den Wänden zwei weitere Steinziegelschichten hinzu und platziere dann acht weitere Doppeltruhen in den Lücken – in die drei Mauernischen kommen normale Truhen mit Laternen obendrauf.

8

Versieh die Galerie mit einem Geländer aus Fichtenfalltüren.

9

Verpasse den Wänden noch eine letzte Steinziegelschicht, bevor du die Schatzkammer mit einem Steindach verschließt.

10

Befülle jetzt deine Truhen mit Vorräten an Blöcken und Gegenständen und bringe zu guter Letzt Rahmen an allen Truhen für die Gegenstände an, die den jeweiligen Truheninhalt repräsentieren. So wirst du nie wieder langwierig nach den richtigen Vorräten suchen müssen!

KOMBINATIONSSCHLOSS

So eine Schatzkammer ist ideal, um deine Vorräte übersichtlich zu verstauen, dürfte aber auch den ein oder anderen Schatzräuber anlocken. In diesem Projekt befassen wir uns mit einem Redstone-Kombinationsschloss, damit deine kostbaren Vorräte auch sicher sind.

BAUTIPP

Du kannst dein Kombinationsschloss mit weiteren Hebeln ausbauen. Ein Schloss mit fünf Hebeln bietet 32 mögliche Kombinationen, eines mit sechs gar 64.

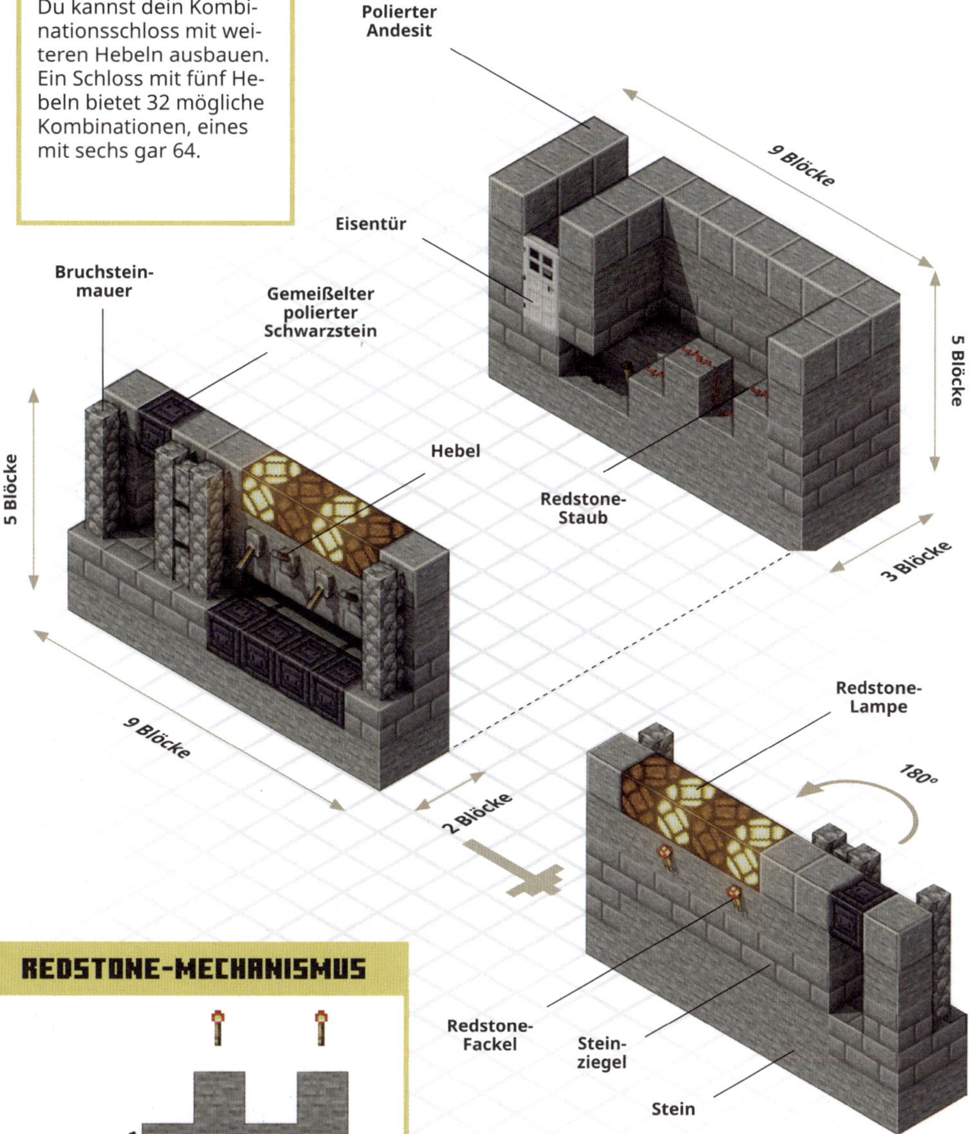

REDSTONE-MECHANISMUS

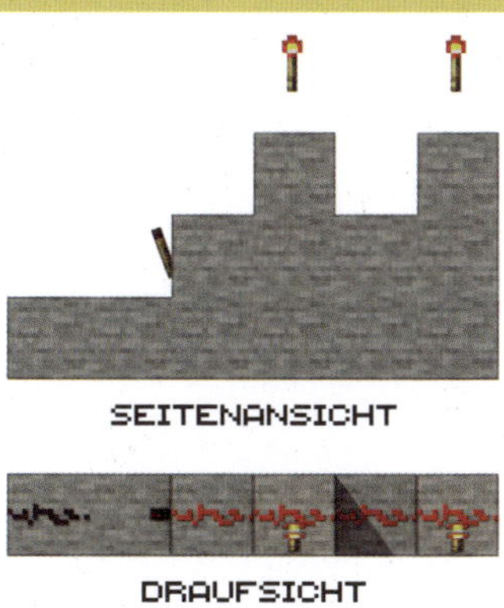

Dieses Kombinationsschloss verwendet Redstone-Fackeln, Redstone-Staub und Steinblöcke, um „Rasten“ zu erzeugen. Um eine Kombination festzulegen, musst du lediglich eine Redstone-Fackel samt Steinblock darunter hinzufügen oder umplatzieren. Diesen Redstone-Mechanismus nennt man „Und-Gatter“.

FEEN-BAUMHAUS

Die größte Herausforderung bei Bauprojekten in Waldbiomen liegt darin, erst mal die ganzen Bäume und das Blattwerk aus dem Weg zu räumen. Aber es gibt kreative Lösungen für dieses Problem! Wenn du in luftiger Höhe baust, machst du dir die Bäume nämlich zunutze. Und du bist dort oben sicher vor umherstreifenden Zombies!

SCHWIERIGKEIT: ★★★☆☆

45 Minuten

1

Züchte einen Riesenbaum, indem du Tropenbaumsetzlinge auf ein 2 × 2 großes Quadrat aus Grasblöcken platzierst und ihr Wachstum mit Knochenmehl beschleunigst. Du kannst auch Fichtensetzlinge verwenden.

2

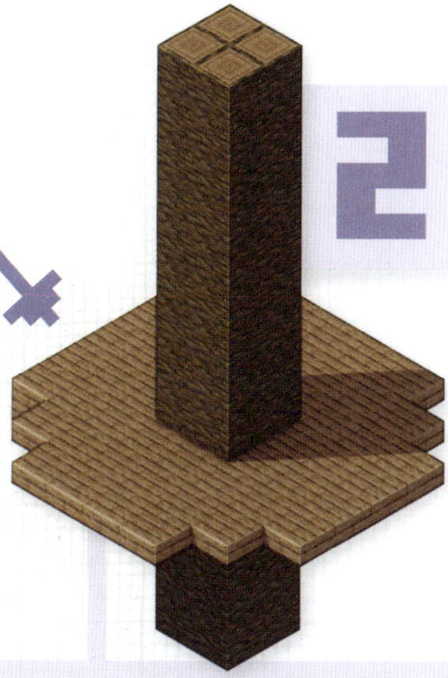

Baue um den Stamm des Riesenbaums herum eine Plattform aus Tropenholzstufen und -treppen. Die Plattform sollte vier Blöcke über dem Boden angebracht werden.

3

Säume die Plattform mit einem Geländer aus Akazienfalltüren. Platziere dann vier Blöcke Tropenholz und acht Sandsteinmauern auf die Konstruktion, wie im Bild gezeigt.

Seelenlaternen sind stimmungsvolle Lichtquellen für dein Baumhaus.

4

Entferne neun Blöcke aus dem Stamm des Riesenbaums, um dein Baumhaus zugänglich zu machen. Bringe in der eben entstandenen Aushöhlung Leitern an und verschließe die Plattform mit einer Akazienfalltür.

5

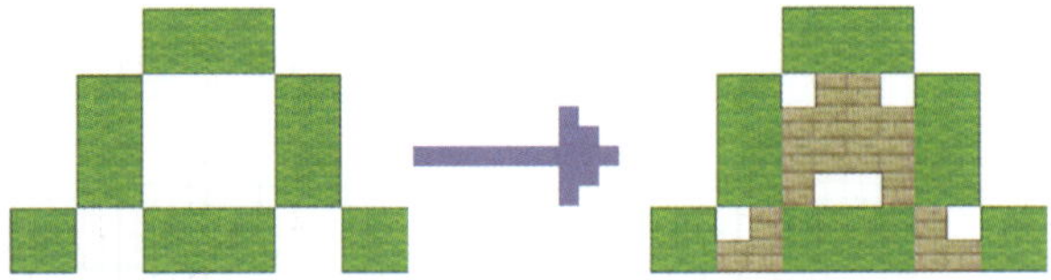

Füge oberhalb der Plattform ein Dach aus Birkenholztreppen hinzu. Erstelle zuerst den Umriss mit vorübergehenden Blöcken und platziere dann die Birkenholztreppen, wie im Bild zu sehen.

6

Wiederhole Schritt 5 auf den übrigen drei Seiten des Riesenbaumstamms, bis die Plattform komplett überdacht ist.

7

Verbinde die Dächer mittels Ketten mit den Sandsteinmauern darunter und füge mithilfe von Akazienschaltern noch optische Details hinzu. Als Letztes vollendest du dein Baumhaus mit Ranken, die am Stamm entlang verlaufen.

BAUMHAUS-ERWEITERUNG

Du brauchst mehr Platz? Dann zieh doch einfach einen weiteren Riesenbaum hoch und baue eine Verbindungsbrücke zwischen den zwei Baumhäusern. Das zweite Baumhaus kannst du gern größer anlegen, indem du noch eine weitere Plattform verbaust!

Baue ein zweites Baumhaus und verbinde es mittels einer Brücke aus Akazienzäunen und Lagerfeuern mit dem ersten. Die Feuer kannst du mit einer Schaufel löschen.

Halte dich beim Erstellen der Plattformen an die Schritte 2 und 3. Auf deiner neuen Plattform könntest du praktische Nutzblöcke wie einen Amboss, einen Zaubertisch und einen Schleifstein positionieren.

Spendiere dem neuen Baumhaus ein Obergeschoss mit frischer Optik. Verwende Glas, Sandstein und roten Sandstein, um einen geschützten Raum unterhalb der Baumkrone zu erschaffen.

SUPERHELDEN-FLUGSCHULE

Jeder Superheld weiß, dass man fliegend am schnellsten Bösewichte fängt! In diesem Projekt bauen wir eine schwebende Insel, auf der du alles Wesentliche übers Fliegen lernen kannst. Anfänger springen von der Planke, während Profis sich mittels einer Abschussvorrichtung in die Lüfte katapultieren lassen.

SCHWIERIGKEIT: ★★★☆☆

30 Minuten

1

Baue die Insel hoch oben in den Lüften. Sie sollte eine Tiefe von mindestens fünf Blöcken haben.

Baue als Erstes eine schwebende Insel aus Endsteinziegeln, Birkenholzbrettern, Bruchstein und Grasblöcken. Lasse in der Mitte ein 5 × 5 Blöcke großes und vier Blöcke tiefes Loch für die Elytren-Abschussvorrichtung frei, wie im Bild zu sehen.

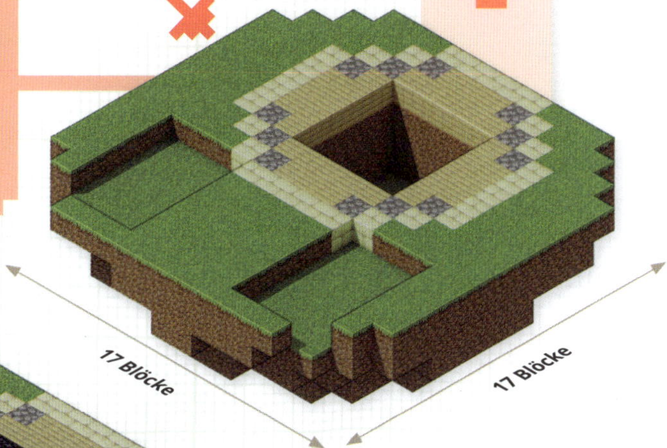

2

Kleide den Boden und die Seiten des Lochs mit Obsidian aus. Platziere dann einen weiteren Block Obsidian und eine Druckplatte in die Mitte des Lochs.

Platziere je zwei Blöcke TNT an jeder Seite der Druckplatte, um die Elytren-Abschussvorrichtung scharf zu machen. Stellst du dich auf die Druckplatte, wird die Abschussvorrichtung ausgelöst.

3

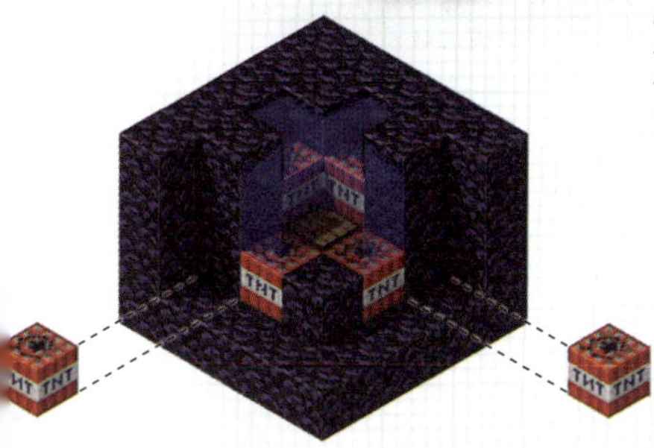

Fülle die Ecken des Lochs mit weiterem Obsidian auf und verwende dann einen Wassereimer, um direkt über der Druckplatte eine Wasserquelle zu platzieren.

4

Baue mit Endsteinziegeln und Endsteinziegeltreppen zwei Landebecken und fülle sie mit Wasser. So sorgst du nach jedem Flug für eine sichere Landung.

5

Beginne jetzt mit dem Bau des Zelts über der Abschussvorrichtung. Stelle zunächst Stützpfeiler aus Endsteinziegelmauern und Birkenzaunpfählen auf.

6

Füge ein Dachgerüst aus roter und weißer Wolle hinzu. Platziere danach Birkenzaunpfähle in die Ecken des Dachrings, wie im Bild zu sehen.

DRAUFSICHT

SEITENANSICHT

7

Es folgen zwei weitere Ringe aus roter und weißer Wolle für das Zeltdach, sodass eine x-förmige Öffnung über der Abschussvorrichtung verbleibt.

8

Lege mit Endsteinziegeln, Endsteinziegelmauern und Birkenholzbrettern einen Weg bis zum Zelt an. Mit Birkenholzstufen baust du dann noch die Sprungplanke.

9

Positioniere eine Truhe im Zelt und befülle sie mit Elytren und TNT!

Zu guter Letzt säumst du die schwebende Insel noch mit Farnen und bringst Laternen am Gehweg an – fertig ist deine Flugschule! Schnapp dir jetzt ein paar Feuerwerksraketen, zieh Elytren an und ab geht die Post!

FLIEG WIE EIN SUPERHELD

Um deine Flugschule optimal nutzen zu können, musst du erst mal fliegen lernen! Diese einfachen Schritte sollten dich erfolgreich in die Lüfte bringen. Wie bei so vielen Dingen gilt: Übung macht den Meister. Also nicht lockerlassen, bis du fliegst wie ein Superheld!

1

Zunächst brauchst du Flügel, also pack ein Paar Elytren in dein Brustplatten-Feld! Elytren sind seltene Flügel, die man nur in Endschiffen finden kann. Sie sind unabdingbar fürs Fliegen in Minecraft.

2

Zeit, zu fliegen. Geh ans Ende der Planke und spring, wenn du bereit bist! Sobald du dich in der Luft befindest, drücke die Sprungtaste, um mit den Elytren zu gleiten.

3

Nun nimmst du ein paar Feuerwerksraketen in deine freie Hand. Wenn du sie im Flug zündest, wirst du dadurch stark beschleunigt und rast nur so davon. Sobald du Vertrauen in deine Flugkünste hast, kannst du dich in die Elytren-Abschussvorrichtung wagen!

DIE ABSCHUSSVORRICHTUNG LADEN

Geschwindigkeit ist alles bei der Verbrecherjagd! Und nichts beschleunigt dich schneller als eine Elytren-Abschuss-vorrichtung. Belade sie dazu einfach mit Sprengstoff und mach dich bereit für einen explosiven Start!

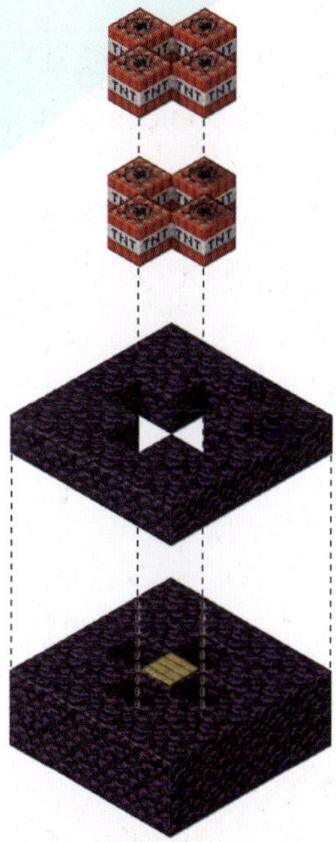

1 Lade die Vorrichtung mit acht Blöcken TNT. Zuerst platzierst du vier davon auf dem Boden, danach die anderen vier obendrauf.

2 Betrete die Abschuss-vorrichtung und stel-le dich genau auf die Druckplatte.

Das TNT explodiert nach vier Sekunden!

3 Warte auf die Explosion, die dich in die Höhe befördern wird. Sobald du in der Luft bist, drücke die Sprungtaste, um deinen Flug zu beginnen. Falls du im Überlebensmodus spielst, achte auf deine Lebensanzeige.

GEGENSTANDSZERSTÖRER

In deiner Schatzkammer mögen ja allerlei tolle Schätze Platz finden, die du angesammelt hast, aber was ist mit dem ganzen Kram, der sich angehäuft hat? Mit diesem Redstone-Mechanismus kannst du ihn ganz leicht zerstören! Schmeiß alles Unnütze einfach in die Truhe und in Nullkommanichts ist es verschwunden.

SCHWIERIGKEIT: ★☆☆☆☆

5 Minuten

BAUTIPP

Angst, versehentlich einen wichtigen Gegenstand zu zerstören? Ein Hebel vor dem Trichter hilft, den Mechanismus ein- und auszuschalten.

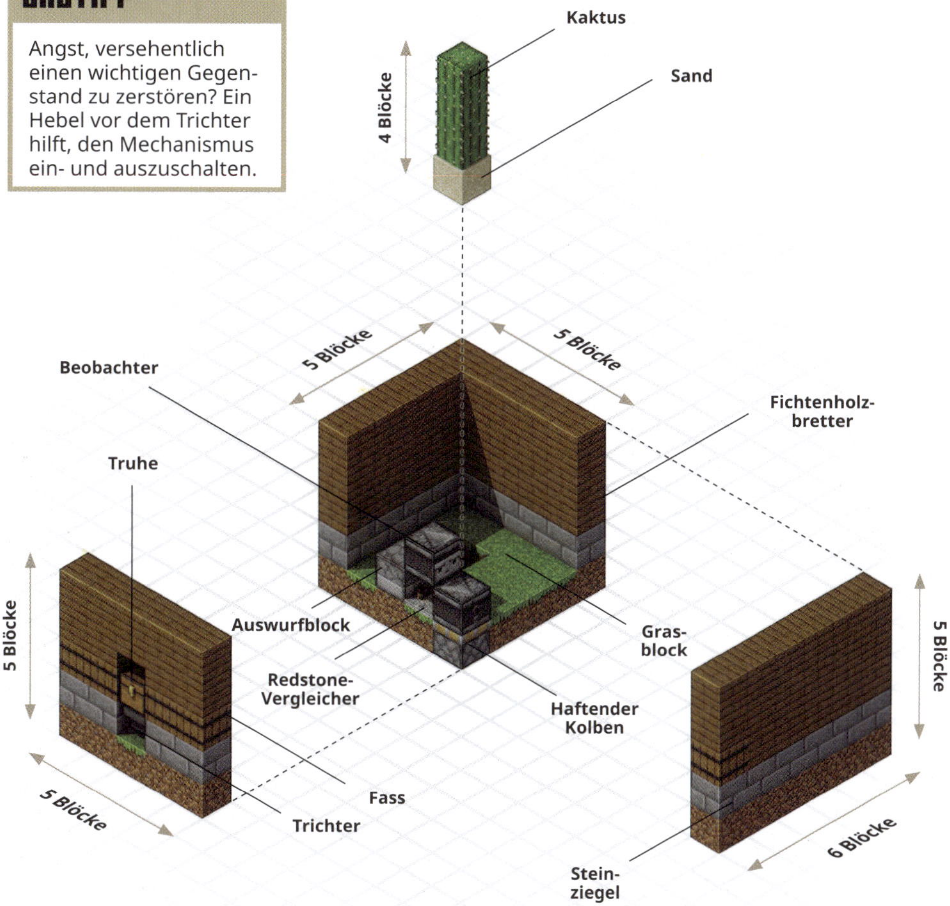

REDSTONE-MECHANISMUS

Dieser Gegenstandszerstörer schießt unliebsame Blöcke in der Kiste aus einem Auswurfblock in einen Kaktus. Jeder zerstörte Gegenstand aktiviert den Redstone-Komparator, der so sicherstellt, dass alle Gegenstände nach und nach aus der Truhe entfernt werden.

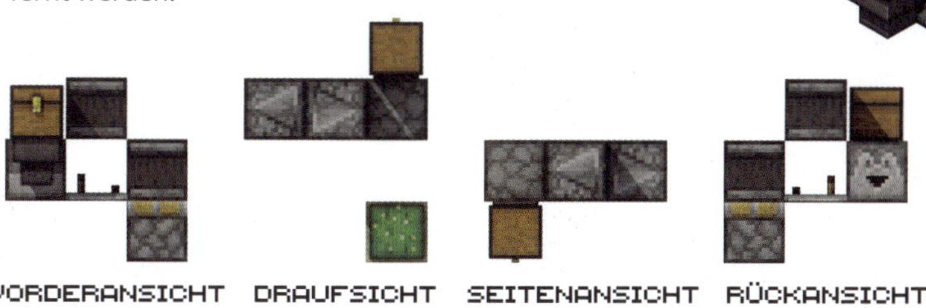

LÖSCHFLUGZEUG

Indem du Schleimblöcke, Kolben und verschiedene Redstone-Komponenten miteinander kombinierst, kannst du dir dein eigenes Fortbewegungsmittel bauen. Dieses Löschflugzeug befördert dich in gerader Linie zu deinem Zielort. Nimm auf jeden Fall einen kompletten Stapel Redstone-Fackeln mit – du wirst sie brauchen!

SCHWIERIGKEIT: ★★☆☆☆

10 Minuten

1

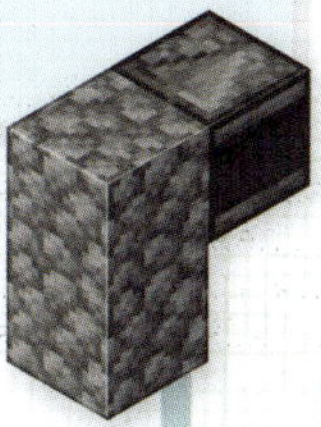

Baue eine vorübergehende Bruchsteinsäule, um das Flugzeug vom Boden zu heben, und bringe einen Beobachter an, der dem Bruchstein zugewandt ist.

2

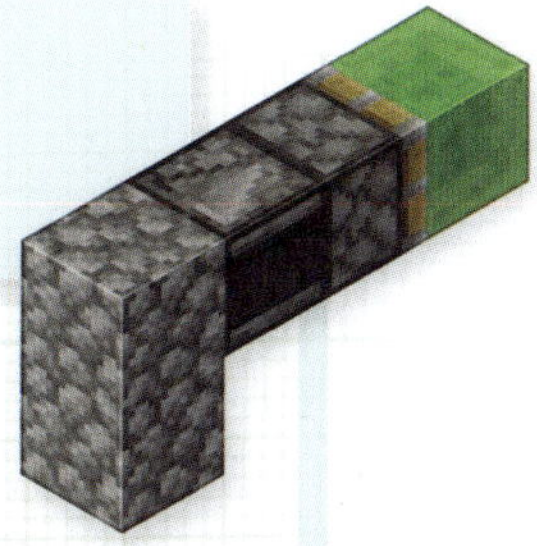

Bringe dann einen haftenden Kolben am Beobachter an, der von diesem weg zeigt, an dem wiederum ein Schleimblock anliegt.

3

Bringe seitlich des Beobachters und des haftenden Kolbens insgesamt weitere vier Schleimblöcke an. Sie werden dein Flugzeug zusammenhalten, wenn du nach und nach weitere Blöcke hinzufügst.

4

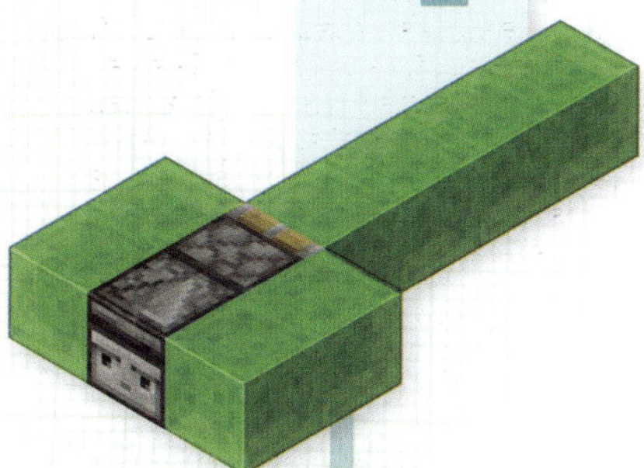

Entferne die vorübergehende Bruchsteinsäule und füge vorn beim klebrigen Kolben drei weitere Schleimblöcke hinzu.

5

Die drei Kolben sorgen für das nötige Drücken und Ziehen, die das Flugzeug antreiben.

Bringe zwei weitere haftende Kolben an, die auf die Schleimblöcke zeigen, wie in der Abbildung zu sehen.

6

Platziere zwei weitere Beobachter, die von den haftenden Kolben abgewandt sind.

7

Haftende Kolben können bis zu zwölf Blöcke wegschieben. Füge keine weiteren Blöcke hinzu, sonst wird es nicht funktionieren.

Füge seitlich des vorderen Beobachters jeweils drei weitere Schleimblöcke hinzu. Platziere dann eine Quarztreppe und einen Schleimblock ans hintere Ende des Flugzeugs, um seine Form fertigzustellen.

8

Dein Flugzeug könnte auch Tarnfarben tragen, indem du hellgrüne und grüne Teppiche verwendest!

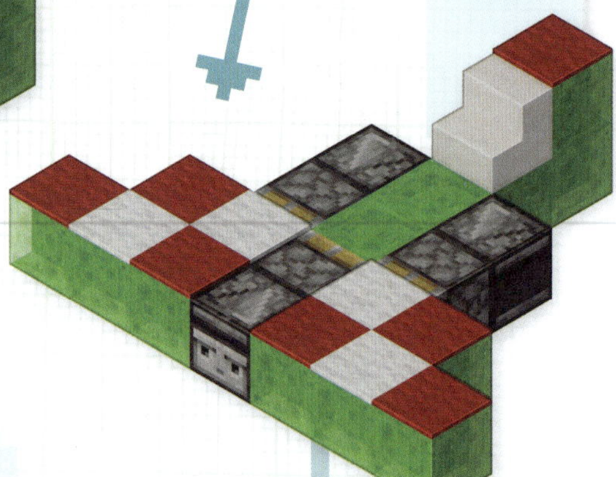

Verlege rote und weiße Teppiche auf den Schleimblöcken, um das Flugzeug als Löschflugzeug kenntlich zu machen.

9

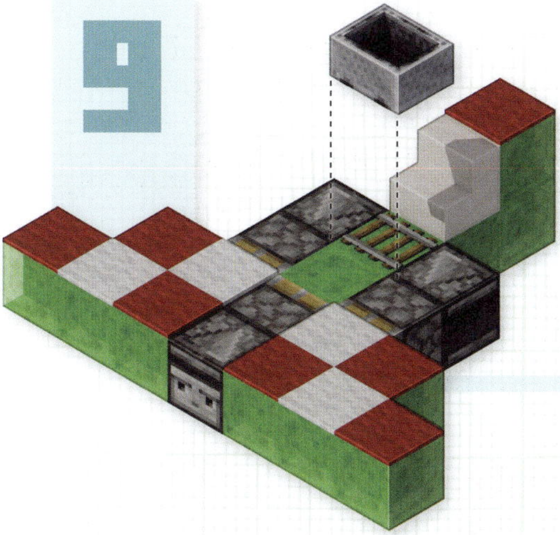

Jetzt fehlt nur noch der Pilotensitz – verwende dafür eine Lore auf einer Schiene, wie im Bild gezeigt. Während des Flugs immer schön sitzen bleiben, damit du nicht herunterfällst!

WIE FUNKTIONIERT'S?

Um das Flugzeug zu starten, platzierst du einfach eine Redstone-Fackel auf den vorderen Beobachter.

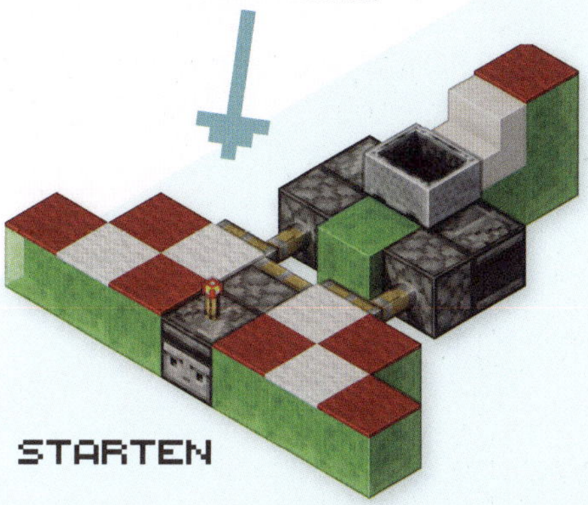

STARTEN

Um das Flugzeug anzuhalten, verlege die Redstone-Fackel auf den Schleimblock.

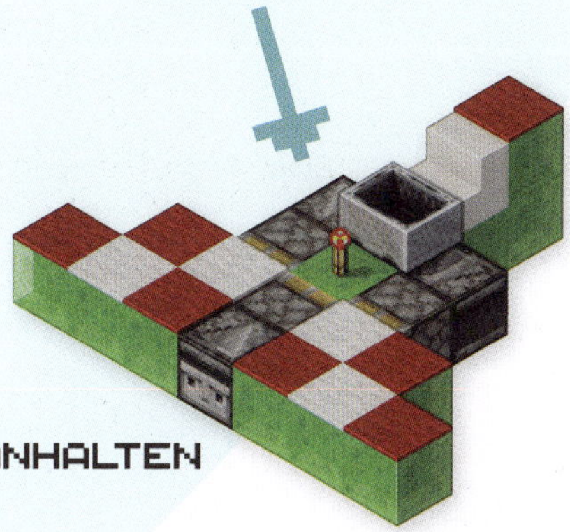

ANHALTEN

SCHIESSSTAND

Dieses aufregende Mini-Spiel testet deine Treffsicherheit mit Pfeil und Bogen, geworfenen Tränken und sogar Eiern! Es verwendet ein pfiffiges vertikales Redstone-übertragungssystem, das sich auch beim Bauen anderer Redstone-Mechanismen als nützlich erweisen könnte. Lade deine Freunde ein, damit ihr seht, wer der beste Schütze ist!

SCHWIERIGKEIT: ★★☆☆☆

5 Minuten

1

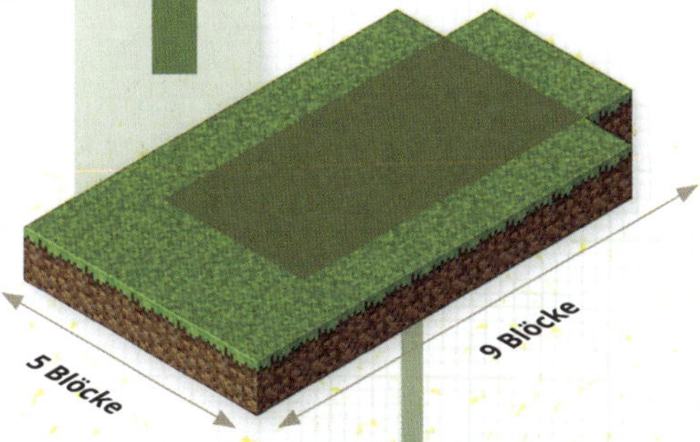

Suche dir zunächst einen flachen und offenen Bereich für diese Jahrmarktattraktion und wähle den passenden Platz für dein erstes Ziel aus. Baue dann das Fundament für den Redstone-Mechanismus des Ziels aus Grasblöcken und hellgrüner Keramik.

2

Platziere einen Zielblock vor dem hellgrünen Keramikfeld und verlege dahinter mit Redstone-Staub eine Redstone-Leitung.

3

Platziere drei Blöcke hellgrüne Keramik in einer Reihe und bringe auf dem mittleren einen Redstone-Verstärker an. Mit einer weiteren Prise Redstone-Staub verbindest du den Verstärker mit dem Zielblock.

4

Wird der Zielblock von einem Projektil getroffen, sendet er ein Signal durch die Redstone-Leitung, das die Redstone-Lampe angehen lässt.

Verbinde als Nächstes den Zielblock mit einem erhöhten Leuchtsignal, indem du einen weiteren Block hellgrüne Keramik mit einer Redstone-Lampe darauf platzierst.

Bringe drei weitere Blöcke hellgrüne Keramik an und verlängere die Redstone-Leitung mit zwei weiteren Prisen Redstone-Staub.

Füge ein weiteres erhöhtes Leuchtsignal hinzu, indem du erneut einen Block hellgrüne Keramik mit einer Redstone-Lampe darauf platzierst.

Die Anzahl der aufleuchtenden Redstone-Lampen hängt von der Genauigkeit deines Schusses ab. Lade einen Freund ein und wechselt euch ab, um zu sehen, wer von euch besser zielen kann!

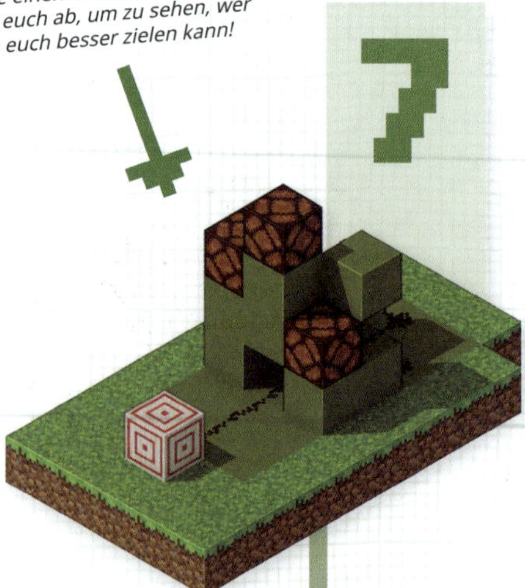

Baue ein drittes und letztes Leuchtsignal – wieder unter Verwendung einer Redstone-Lampe und hellgrüner Keramik. Eine weitere Prise Redstone-Staub verbindet auch diese Lampe mit deiner Leitung.

Dein Mini-Spiel kann so viele Zielscheiben haben, wie du willst! Wiederhole einfach die Schritte 1 bis 8, um weitere Ziele zu bauen.

Zu guter Letzt versteckst du noch den Redstone-Mechanismus unter Grasblöcken, damit Besucher nicht gleich erkennen können, wie du diese spaßige Jahrmarktattraktion erschaffen hast. Den Schwierigkeitsgrad erhöhst du ganz einfach, indem du mehrere Ziele aufstellst.

MINI-SPIEL-ANORDNUNG

Warum kleckern statt klotzen? Baue mehrere Ziele in gleichen Abständen zueinander, und dann noch eine Plattform, von der geschossen wird. Unser Schießstand hat insgesamt drei Ziele, die deine Zielgenauigkeit auf die Probe stellen.

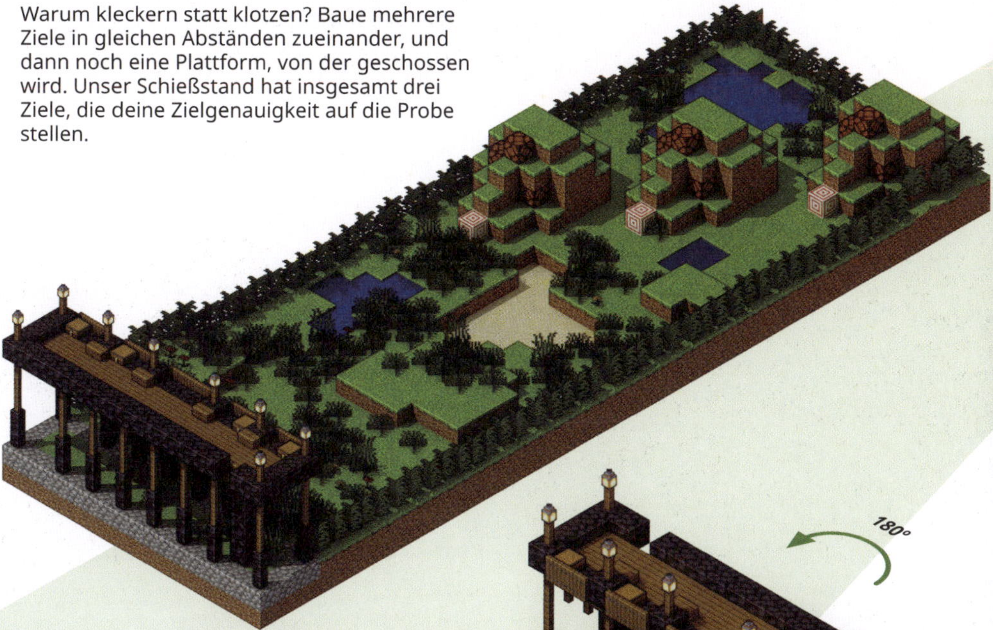

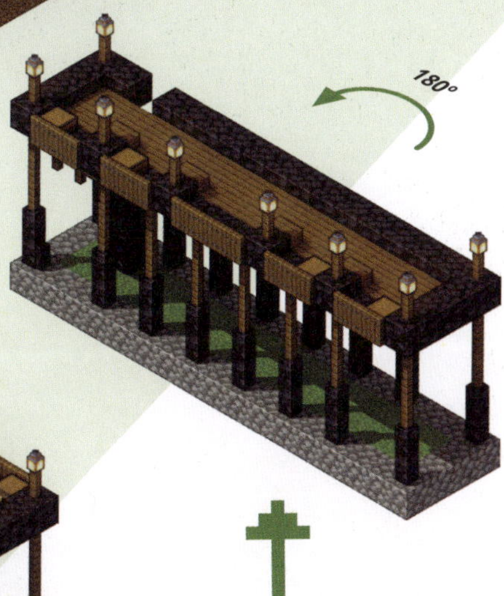

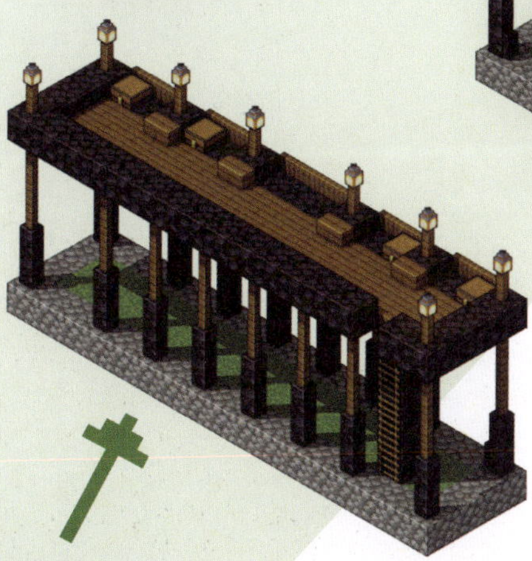

Baue eine erhöhte Plattform, von der Spieler auf die Ziele schießen können. Je nachdem, wie viele Ziele du aufgestellt hast, kannst du die Plattform entsprechend höher oder niedriger bauen.

Diese Plattform besteht aus Schwarzstein, Schwarzsteinstufen und -mauern sowie Fichtenzäunen, Fichtenholzstufen und -treppen. Auf der Plattform finden sich Truhen mit Projektilen darin und ein paar Laternen zur Beleuchtung.

HALLOWEEN-LABYRINTH

Labyrinthe sind spaßige und einfache Projekte, und du kannst sie ganz an deine eigenen Vorstellungen anpassen. Am besten fängst du mit einem verwinkelten Grundriss an und fügst ein paar Sackgassen und kleinere Fallen hinzu, um Spieler in die Irre zu führen. Stelle sicher, dass es nur einen Eingang und einen Ausgang gibt!

SCHWIERIGKEIT: ★★★☆☆

30 Minuten

BAUTIPP

Beginne mit einem einen Block hohen Labyrinth, und sobald du mit dem Grundriss zufrieden bist, fügst du die zweite Blockschicht hinzu, damit Spieler nicht über die Wände sehen können.

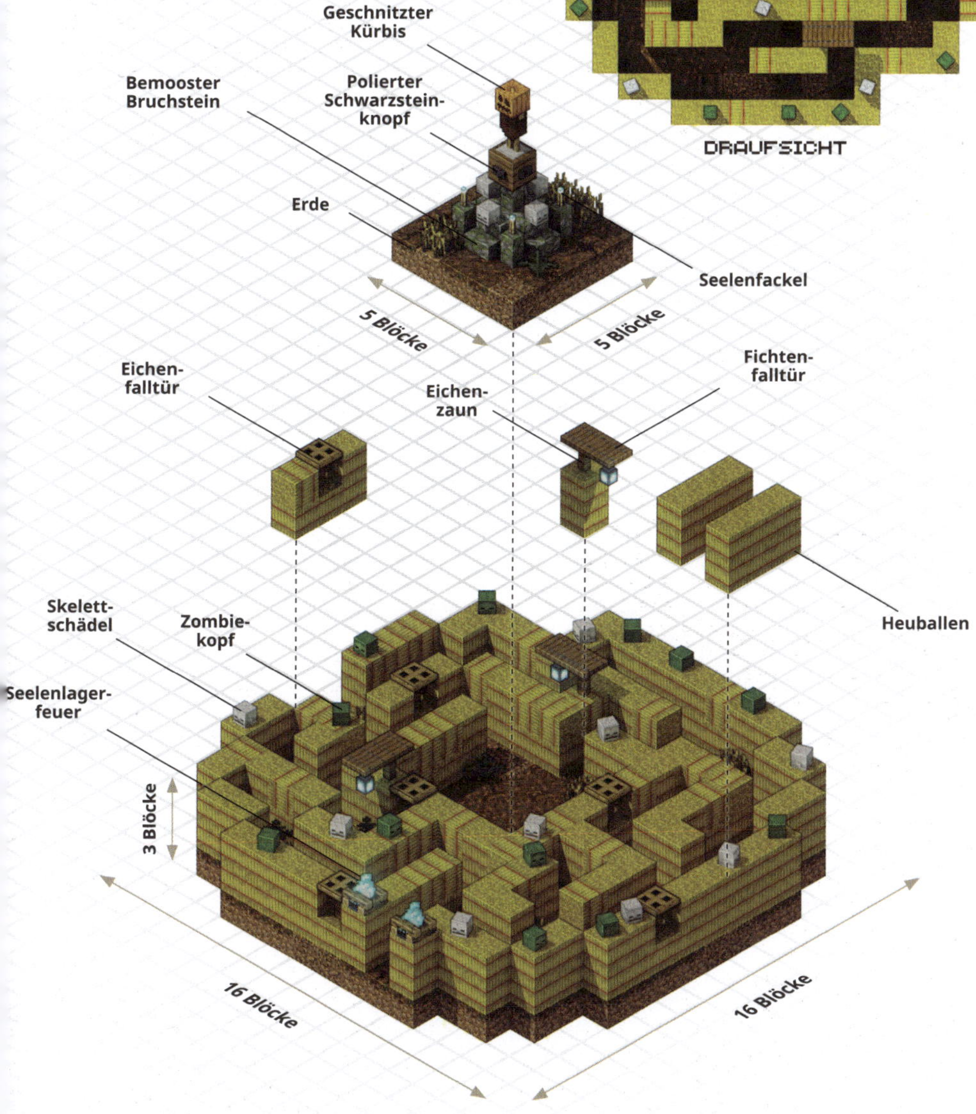

LORENBAHNHOF

Transport ist ein wichtiger Punkt in Minecraft. Ob du nun eine große Metropole oder eine kleine Ackerbürgerstadt baust, du wirst so oder so ein Eisenbahnnetz brauchen, um schnell von A nach B zu kommen. Dieses zweigleisige Schienennetz sollte diesem Anspruch genügen.

SCHWIERIGKEIT: ★★★☆☆

35 Minuten

Beginne mit dem Fundament für dein Bahnhofsgebäude und den ersten Bahnsteig – verwende dafür Steinziegel, Steinziegelstufen, Andesit, polierten Andesit, glatte Quarzblöcke und Tropenholzbretter.

1

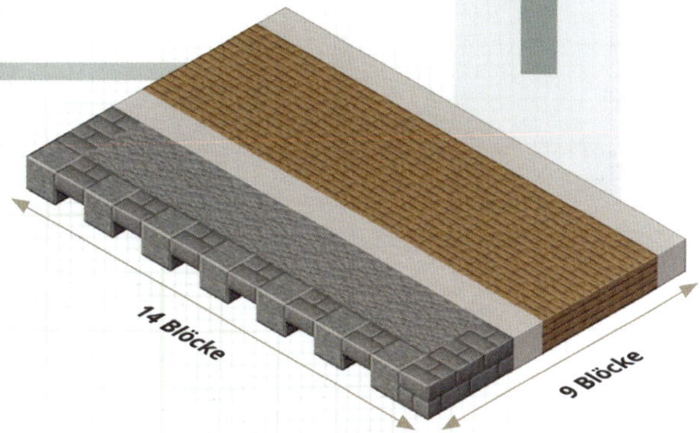

2

Baue als Nächstes die erste Schicht der Wände des Bahnhofsgebäudes aus Fichtenstämmen, Diorit, glatten Quarzblöcken und auf dem Kopf stehenden glatten Quarztreppen.

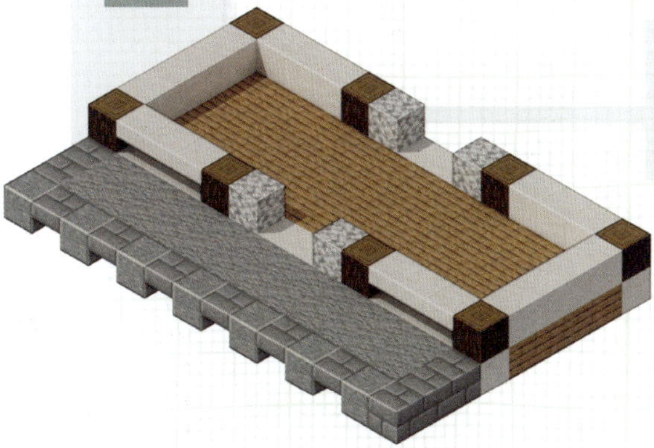

Diese Sperre zur Fahrkartenkontrolle besteht aus einer Eisenfalltür, einem Quarzblock und einem Steinschalter. Das Diorit drumherum verhindert, dass sich Schwarzfahrer einschleichen!

3

Füge am Eingang eine Fahrkarten-Kontrollsperre hinzu, und dann ein paar Sitzbänke aus Fichtenholztreppen im Innenraum für die Fahrgäste. Zwei Fichtenholztreppen nebeneinander ergeben längere Bänke.

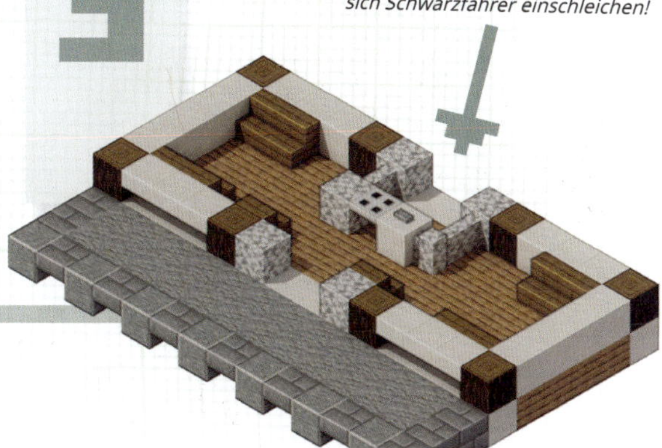

4

Baue einen Torbogen im Eingangsbereich und ziehe die Wände mit Diorit, poliertem Andesit, Fichtenholz und gelben Glasscheiben weiter hoch.

5

Vervollständige die Wände unter Verwendung der gleichen Blöcke. Platziere dann Eisengitter über der Kontrollsperre und hänge Laternen daran auf, um dein Bahnhofsgebäude zu beleuchten.

6

Verpasse deinem Bahnhofsgebäude ein Dach. Fange mit einer Reihe Tropenholzbretter über den Längsseiten des Gebäudes an und vervollständige das Dach dann mit Tropenholzstufen.

Jetzt die Außenbeleuchtung: Versieh jede der Fichtenholzsäulen oben mit einer umgekehrten Steinziegeltreppe, darunter folgen aufgehängte Laternen. Dann setzt du noch jeweils zwei Schwarzeichentüren und Schwarzeichenfalltüren in die Eingangsbereiche ein.

7

8

Als Nächstes fügst du die Gleise hinzu. Beginne mit einem zwei Blöcke breiten Boden aus glattem Stein, den du beidseitig mit Schienen säumst. Füge dann an den Gleisenden jeweils eine Antriebsschiene und eine Redstone-Fackel hinzu, und an den gegenüberliegenden Enden jeweils eine Aktivierungsschiene und eine Glocke.

Die Glocke verkündet deine Ankunft im Bahnhof, und die Antriebsschiene beschleunigt dich auf dem Weg zu deinem nächsten Ziel.

9

Baue einen zweiten Bahnsteig aus Steinziegeln, Steinziegelstufen, Andesit und poliertem Andesit.

10

Installiere mit Ambossen eine schützende Umzäunung und verpasse dem Bahnhofsgebäude mit Bannern ein paar Farbakzente.

BAHNHOFSAUSBAU

Noch ist dein Bahnhof nicht fertig, also vervollständige ihn mit ein paar Extras! Beleuchtung ist für die Sicherheit der Fahrgäste unerlässlich, und eine coole Brücke lässt sie sicher die Gleise überqueren.

Verbinde die beiden Bahnsteige mit einer Brücke. Mit Fichtenholztreppen und -stufen verbindest du beide Seiten, und mit Tropenbaumfalltüren umzäunst du die Brücke mit einem Geländer.

Aus jeweils einem Block gemeißelte Steinziegel, einer Steinziegelmauer, drei Bruchsteinmauern und einer Laterne kannst du Lichtinstallationen für die Gleise bauen.

Verziere deinen Bahnsteig mit einem besonderen Blumenbeet – verwende dafür Fichtenfalltüren, Erde und Rosensträucher. Bei dieser Gelegenheit kannst du auch noch ein paar mehr Sitzgelegenheiten anbringen.

LOREN-EINSAMMLER

Auf deinem Vorstoß in neue Gebiete wird auch dein Schienensystem unweigerlich immer komplexer, und Loren-Einsammler sind das ideale Mittel, um deine Loren zu verwalten. Wenn du am Zielbahnhof ankommst, wird die Lore automatisch eingesammelt und in einer Truhe abgelegt.

SCHWIERIGKEIT: ★★☆☆☆

10 Minuten

BAUTIPP

Richte die Trichterenden zur Truhe aus, damit die Lore zur späteren Verwendung verstaut wird. Platziere zunächst die Truhe und dann die Trichter, die du in ihre Richtung ausrichtest.

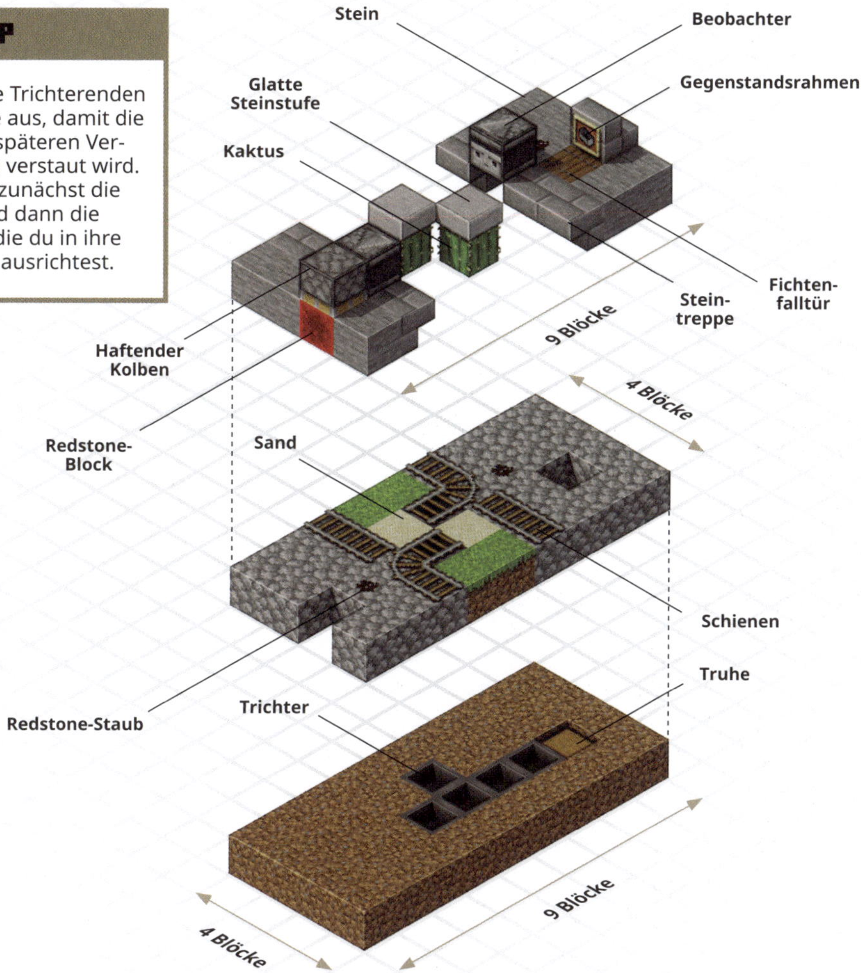

REDSTONE-MECHANISMUS

Dieser Loren-Einsammler befördert die Loren in die Kakteen, um sie zu zerlegen. Danach werden sie von den Trichtern eingesammelt und zur Truhe transportiert. Stelle sicher, dass die Trichter in die richtige Richtung zeigen!

TRICHTER

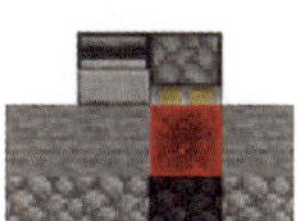

SEITENANSICHT

SEITENANSICHT

DRAUFSICHT

HÜPFBURG

Viele der Blöcke in Minecraft haben spezielle Eigenschaften, die du dir beim Erstellen einzigartiger Bauwerke zunutze machen kannst. Diese Burg besteht aus Schleimblöcken, Teppichen und Bannern, und Besucher werden schnell feststellen, dass es sich um keine gewöhnliche Burg handelt. Die elastischen Böden machen aus dieser Burgbesichtigung nämlich ein springfideles Vergnügen!

SCHWIERIGKEIT: ★★★☆☆

35 Minuten

1

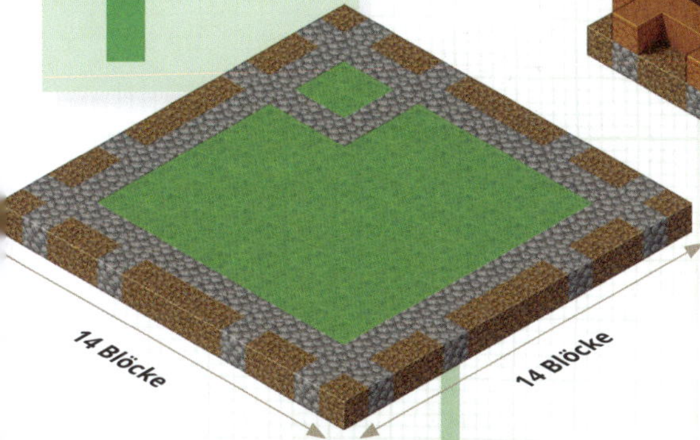

Baue zuerst das Fundament der Hüpfburg aus Erde, Schleimblöcken und Bruchstein. Der Bruchstein markiert die Kontur der Hüpfburg.

2

Beginne mit dem Bau der Burgmauern entlang der Bruchsteinkontur und verwende dafür roten Sandstein und glatten roten Sandstein.

3

Baue die Burgmauern mit glattem rotem Sandstein, glatten roten Sandsteintreppen und Schleimblöcken weiter aus. Bringe dann in der hinteren Ecke Leitern an, um später den Burgturm erklimmen zu können.

4

Es folgt eine weitere Schicht aus Schleimblöcken und rotem Sandstein. Platziere dann über dem Eingang auf jeder Seite eine auf dem Kopf stehende glatte rote Sandsteintreppe, um einen Torbogen zu erhalten.

5

Setze noch eine weitere Schicht aus Schleimblöcken und glattem rotem Sandstein auf die Wände, und platziere dann umgekehrte glatte rote Sandsteintreppen außen um die Burgmauern herum. Danach baust du oben am Burgturm einen Boden aus roten Sandsteinstufen.

6

Baue einen Rundgang um alle Burgwände – verwende dafür umgekehrte rote Sandsteintreppen und rote Sandsteinstufen.

7

Widme dich als Nächstes dem Bau eines Wehrgangs, der um die ganze Burg herumführt – verwende dafür roten Sandstein, rote Sandsteinmauern und -treppen.

8

Baue den Burgturm mit vier Schichten aus glattem Sandstein und Schleimblöcken weiter in die Höhe. Bringe dann in Abständen rote Sandsteinmauern außen rund um den Wehrgang an, wie im Bild zu sehen.

9

Erweitere die Leiterkonstruktion im Burgturm bis ganz nach oben und baue einen weiteren Boden aus roten Sandsteinstufen. Platziere in jeder Ecke des Turms je zwei auf dem Kopf stehende rote Sandsteintreppen, und baue danach eine Absprung-Plattform aus roten Sandsteinstufen.

10

Die Hüpfburg verwendet ein gelb-hellblaues Schachbrettmuster und Seelenlaternen, um dem Ganzen einen verspielten Look zu geben.

Schließe den Bau des Turms mit einer Umzäunung ab, die du mit rotem Sandstein, roten Sandsteinmauern und umgekehrten glatten roten Sandsteintreppen baust. Dann musst du deine Hüpfburg nur noch mit Teppichen und Bannern dekorieren, und der Spaß kann beginnen!

MITTELALTERLICHE WINDMÜHLE

Die besten Projekte beginnen oft mit den bodenständigsten Ideen. Und es gibt kein bodenständigeres Bauwerk als eine bescheidene Windmühle. Ein Gebäude, in dem aus Weizen Mehl gemacht wird. Da sie aus rustikalem Material wie Steinziegeln und Fichtenholz besteht, verströmt sie ein mittelalterliches Flair.

SCHWIERIGKEIT: ★★☆☆☆

20 Minuten

1

Baue als Erstes das Fundament für deine Windmühle und verwende dafür Grasblöcke, Bruchstein und Wasser, wie im Bild zu sehen. Auf dem Bruchstein wird die Windmühle stehen.

RÜCKWAND

2

Baue die vier Wände der Windmühle aus Bruchstein, Steinziegeln, gemeißelten Steinziegeln und poliertem Diorit. Sorge mit Fenstern aus Fichtenzauntoren in beiden Rückwänden für natürliches Licht in der Windmühle.

3

Füge über dem Eingang ein Dach aus Fichtenzäunen, Fichtenholztreppen und -stufen hinzu und setze eine Fichtentür ein. Baue als Nächstes an der seitlichen Wand ein Vordach aus Fichtenholzstufen, Fichtenzäunen und Bruchsteinmauern.

4

Baue die Wände mit zwei zusätzlichen Schichten weiter aus. Die erste Schicht erstellst du, indem du Bruchstein diagonal in einer Rautenform platzierst, und die zweite, indem du darauf dann abwechselnd Fichtenholz und Dioritreppen setzt.

5

DACH

Baue die Wände mit drei weiteren Schichten aus Fichtenholz, Diorit und poliertem Diorit aus – in der obersten der drei Schichten installierst du dann noch drei weitere Fenster aus Fichtenzauntoren. Auf die zwei abschließenden Schichten setzt du noch eine Reihe aus drei Blöcken Fichtenholz.

6

Verpasse der Windmühle ein Dach aus Bruchsteinstufen und Fichtenholztreppen. Beginne mit der Reihe aus Bruchsteinstufen ganz oben und füge dann auf jeder Seite noch zwei Reihen aus Fichtenholztreppen hinzu, wie im Bild zu sehen.

7

Baue als Nächstes eine Balkenkonstruktion aus Fichtenholz für die Windmühlenflügel. Die Konstruktion setzt unterhalb des Dachs an und schließt mit einem Kreuz aus Fichtenholz ab.

8

Baue den ersten Flügel mit drei Blöcken Fichtenholz, drei Fichtenzäunen und vier Blöcken weißer Wolle, wie im Bild gezeigt.

9

Erstelle die anderen drei Flügel wie im letzten Schritt geschildert – achte darauf, dass die vier Flügel zueinander um jeweils 90° gekippt sind.

10

Diese Windmühle macht sich zwischen Weizenfeldern besonders gut!

Verziere die Windmühle zum Schluss noch mit ein paar markanten Details. Bringe an den Flügeln Fichten- und Steinschalter an und hänge an die Ecken des Dachs Fichtenzaunpfähle. Jetzt fehlen nur noch ein paar weitläufige Weizenfelder rund um die Windmühle!

PORTAL-AN-AUS-SCHALTER

Der Nether ist ein gefährlicher Ort voller gefährlicher Monster. Dorthin gelangst du durch ein Portal, aber Vorsicht! Ungeschützte Portale sind eine regelrechte Einladung für Monster. Unliebsame Gäste in der Oberwelt kannst du allerdings vermeiden, indem du dein Portal mit einem An-Aus-Schalter ausstattest.

SCHWIERIGKEIT: ★★☆☆☆

5 Minuten

BAUTIPP

Portale in den Nether müssen eine rechteckige Form haben und können mit einem Feuerzeug aktiviert werden.

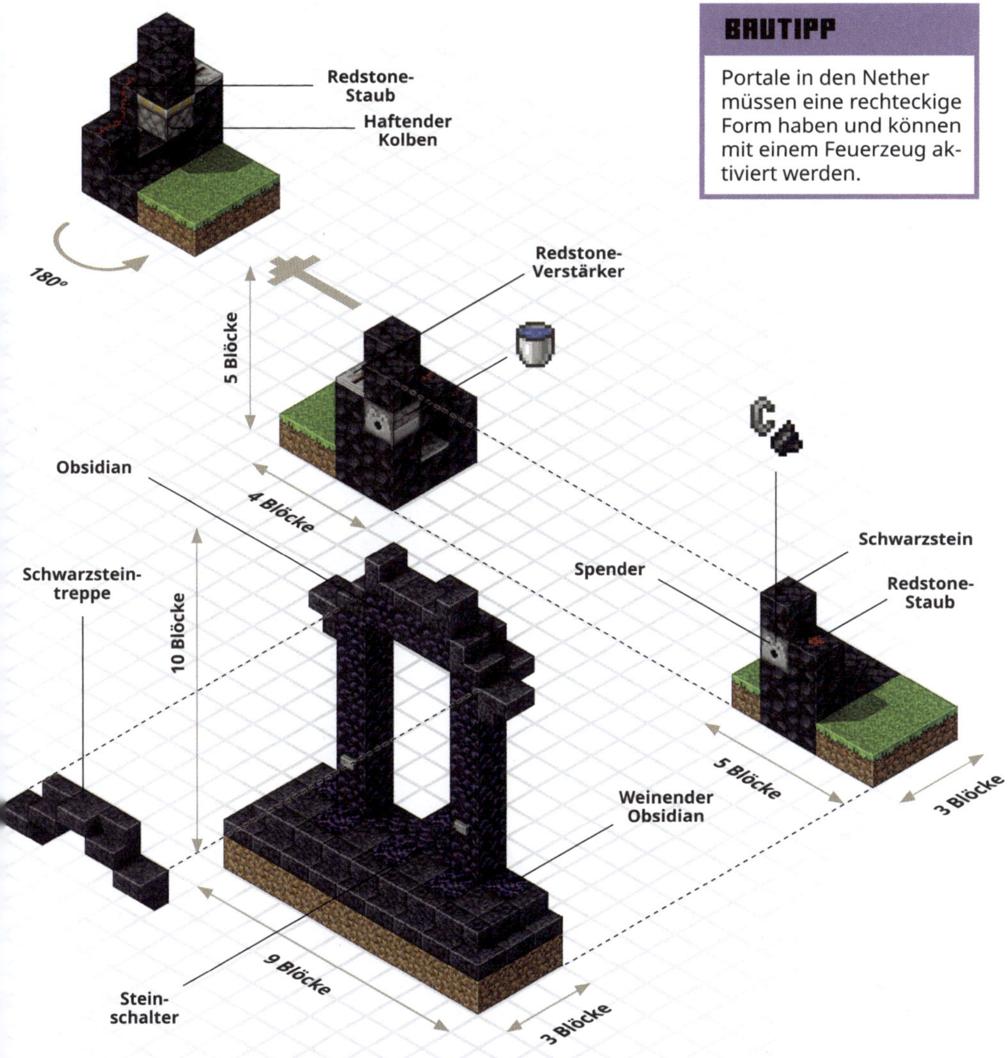

REDSTONE-MECHANISMUS

Dieser An-Aus-Schalter wird von den zwei Spendern kontrolliert, die ein Feuerzeug und einen Wassereimer enthalten. Der Spender auf der rechten Seite enthält den Wassereimer und ist mit einem Redstone-Verstärker verbunden. Der Verstärker sorgt dafür, dass das Portal deaktiviert wird, ohne dass das Wasser überall hinfließt.

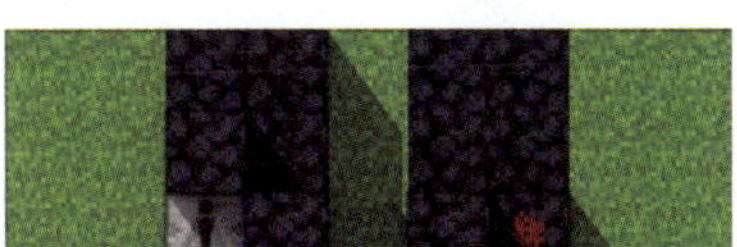
DRAUFSICHT

VORDERANSICHT

AMPHITHEATER

Würdest du gern mal einen Talentwettbewerb mit deinen Freunden veranstalten? Dann kommst du um dieses Amphitheater nicht herum! Dieses antik anmutende Bauwerk mit seinen vielen runden Strukturen wird dir einiges an Baukunst abverlangen.

SCHWIERIGKEIT: ★★★☆☆

30 Minuten

1

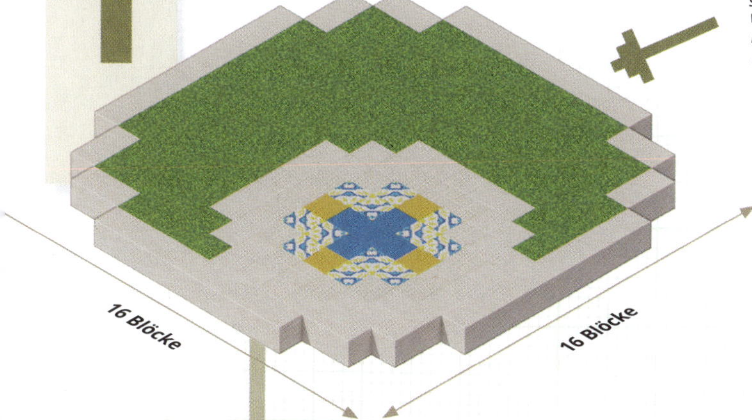

Das Muster der Bühne verwendet gelben und hellblauen Beton, weiße glasierte Keramik, Quarzblöcke und gemeißelte Quarzblöcke.

Baue das Fundament des Amphitheaters aus glatten Quarzblöcken und Grasblöcken – die Ecken sind dabei eingeschnitten, wie in der Abbildung gezeigt. Füge dann eine gemusterte Bühne in einer der Ecken hinzu.

2

Baue um die Bühne herum die erste Reihe Sitzplätze aus geschnittenen Sandsteinstufen und verlege dahinter einen erhöhten Boden aus Quarzziegeln und Säulen-Quarzblöcken.

3

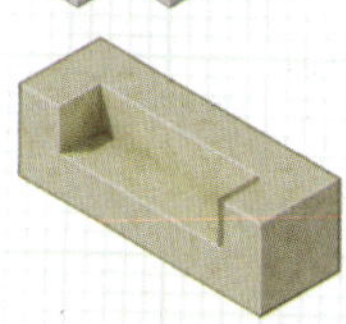

Füge eine zweite Reihe Sitzplätze aus geschnittenen Sandsteinstufen und glatten Sandsteintreppen hinzu – mit den glatten Sandsteintreppen erstellst du Bänke für deine Zuschauer.

4

Verlege auch hinter der zweiten Sitzplatzreihe einen erhöhten Boden aus Quarzziegeln.

5

Füge als Nächstes 21 Pfeiler aus Säulen-Quarzblöcken rund um das Amphitheater hinzu.

6

Füge zwischen den nebeneinanderstehenden Pfeilern Quarzziegel und rote Sandsteinmauern ein. Danach platzierst du ein paar schicke Blumenbeete entlang der Rückwände – verwende dafür Grasblöcke, Birkenfalltüren und Pfingstrosen.

7

Baue als Nächstes vier VIP-Sitze für deine wichtigsten Besucher aus Akazienholztreppen und Akazienfalltüren.

8

Erweitere alle Quarzpfeiler auf dieselbe Höhe und platziere auf jedem davon einen gemeißelten Quarzblock. Fülle die Lücken zwischen den Pfeilern hinter den VIP-Sitzen mit weiteren roten Sandsteinmauern auf, wie im Bild gezeigt.

9

Verbinde die Pfeiler der Rückwände mit glatten Quarzstufen und -treppen.

Am Spalier kannst du allerlei Dekorationen aufhängen, wie zum Beispiel Laternen!

10

Deine Zuschauer freuen sich bestimmt über etwas Schatten – hierfür baust du ein Spalier aus Fichtenzäunen, das du über ihren Köpfen zwischen den Pfeilern hinten und in der Mitte anbringst.

11

Du kannst die Seiten der Pfeiler auch mit Ranken verzieren!

Mit dem letzten Feinschliff gibst du deinem Amphitheater noch das gewisse Etwas: Platziere ein paar Lagerfeuer um die Bühne herum, bedecke das Spalier mit Tropenbaumblättern und bringe oben an den Pfeilern Akazienschalter an. Danach heißt es „Showtime"!

BÜHNENGESTALTUNG

Deine Bühne kannst du ganz nach Belieben gestalten! Dieses Muster verwendet rosa Beton und rosa glasierte Keramik, um eine besonders lebhafte Bühne zu erschaffen.

Diese Variante benutzt orangen Beton und Glowstone für eine beleuchtete Tanzfläche wie in einer Disco!

VERSTECKTER BUNKER

Eine einfache Methode, für die Sicherheit deiner Basis zu sorgen, ist, sie zu verstecken und für neugierige Blicke unsichtbar zu machen – bis du einen versteckten Hebel umlegst und den Eingang offenlegst.

SCHWIERIGKEIT: ★★★★☆

45 Minuten

1

Das Loch für den Bunker ist tiefer als die Höhe des Bunkers. Der Bereich zwischen Bunker und Oberfläche birgt den geheimen Zugang.

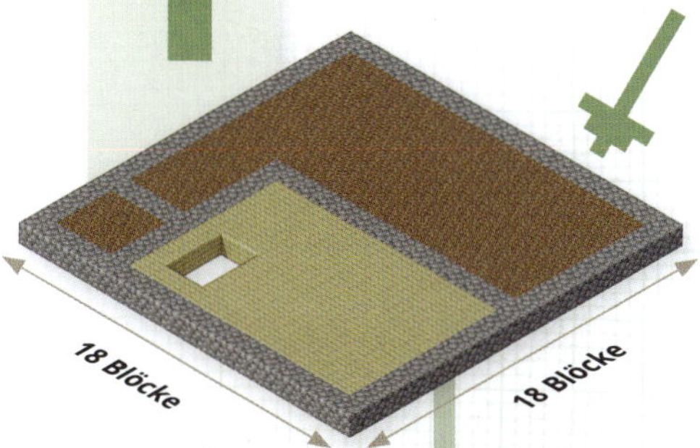

Grabe ein zwölf Blöcke tiefes Loch und lege eine sieben Blöcke hohe und 18 × 18 Blöcke große Kammer an. Das Fundament des Bunkers baust du aus Bruchstein, Erde und Birkenholzbrettern.

2

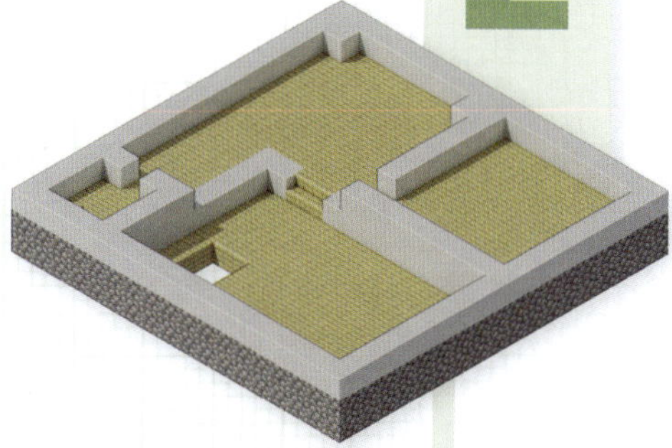

Beginne mit dem Bau der Wände und verwende dafür eine Schicht aus Bruchstein, gefolgt von einer Schicht aus weißem Beton. Baue danach einen erhöhten Boden aus Birkenholzbrettern und -treppen, wie im Bild gezeigt.

3

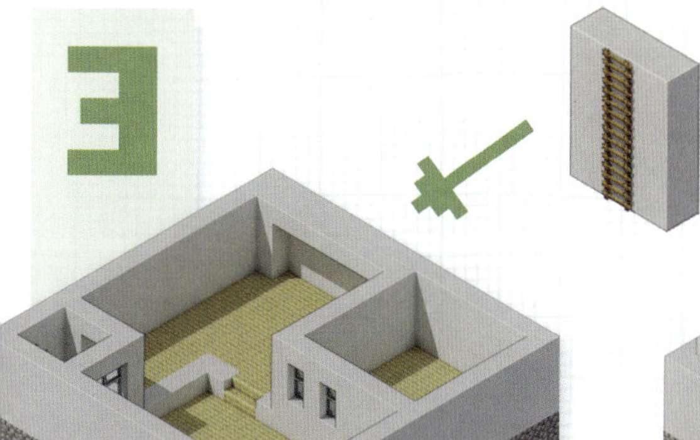

Erweitere die Wände um drei weitere Schichten aus weißem Beton, aber lasse Platz für Türen, Fenster und einen Alkoven im hinteren Bereich. Setze Glasscheiben in die Fensteraussparungen ein und bringe im kleinen Raum Leitern bis zur Decke an – das wird der Zugang zu deinem Bunker.

4

Zeit für eine stilechte Decke – verwende dafür weißen Beton, Glowstone und auf dem Kopf stehende glatte Quarztreppen, aber lasse oberhalb des Leiterzugangs eine Lücke, um hinein- und hinauszugelangen.

GEHEIMER ZUGANG

Sobald du mit deinem Bunker fertig bist, solltest du dich dem geheimen Zugang widmen. Verlasse den Bunker und lege einen fünf Blöcke tiefen Graben über dem Zugang an, wie in der Abbildung zu sehen.

1

AUSSENANSICHT VON OBEN

2

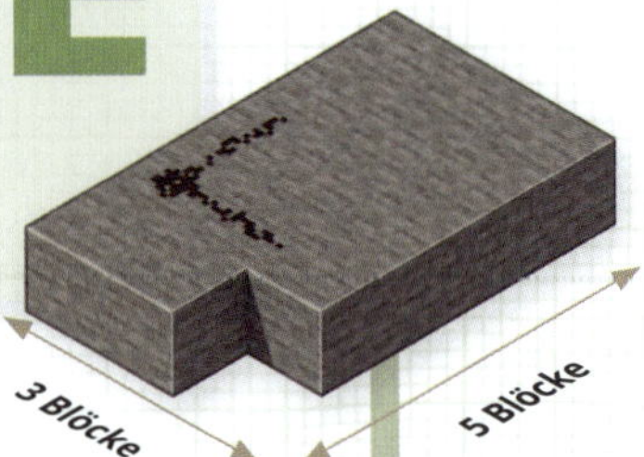

Baue unten im Graben eine Plattform aus Stein und platziere drei Prisen Redstone-Staub darauf, wie im Bild gezeigt.

3

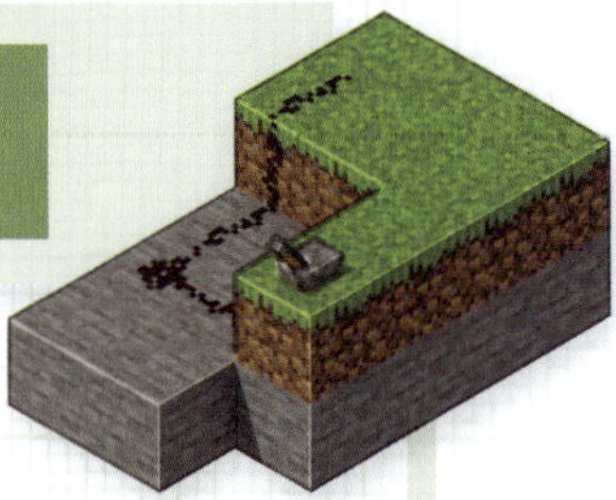

Füge acht Grasblöcke, einen Hebel und eine weitere Prise Redstone-Staub auf der Steinplattform hinzu.

4

Füge sieben Blöcke hellgrüne Keramik, vier Prisen Redstone-Staub und einen Redstone-Verstärker hinzu.

5

Bringe vor dem Redstone-Verstärker einen haftenden Kolben an. Füge dann noch drei weitere Grasblöcke und einen Hebel hinzu.

6

Platziere weitere Grasblöcke wie im Bild gezeigt. Betrete dann deinen Bunker und verbaue weitere Leitern bis zur Grasoberfläche.

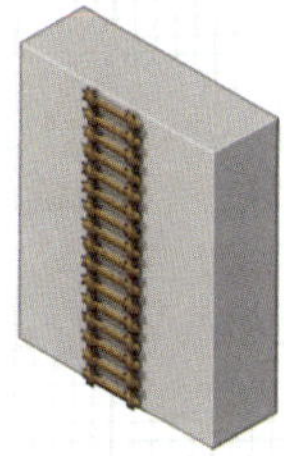

7

Verstecke den geheimen Zugang und den Hebel zu guter Letzt mit reichlich Gras. Der Hebel aktiviert den haftenden Kolben, der den Zugang zu deinem geheimen Bunker sichtbar und unsichtbar macht. Stelle sicher, dass der Hebel gut erreichbar, aber gleichzeitig auch gut versteckt ist.

VERSTECKTER LEITERZUGANG

Wenn der haftende Kolben ausgefahren ist, kann man den Zugang nicht sehen.

Wenn der haftende Kolben eingefahren ist, kann man den Zugang erspähen.

VERSCHLOSSEN

OFFEN

EINRICHTUNG

Jetzt ist es Zeit, den Haushalt deines versteckten Bunkers einzurichten. Dieser Bunker hat drei Räume: eine Küche, ein Schlafzimmer und ein Wohnzimmer.

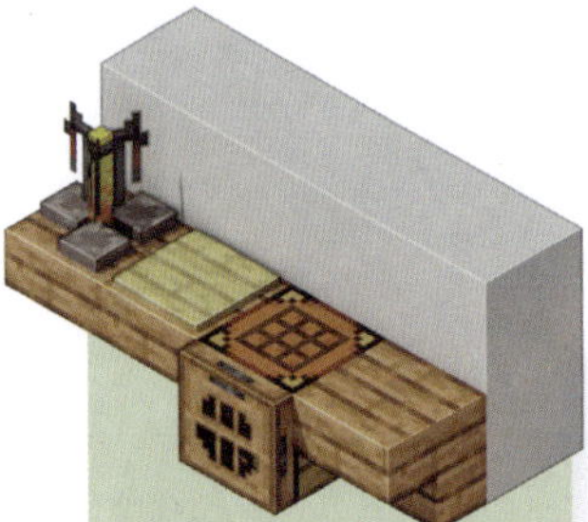

Staffiere die Küche mit ein paar überlebenswichtigen Dingen wie einer Werkbank und einem Braustand aus.

EINRICHTUNGSPLAN

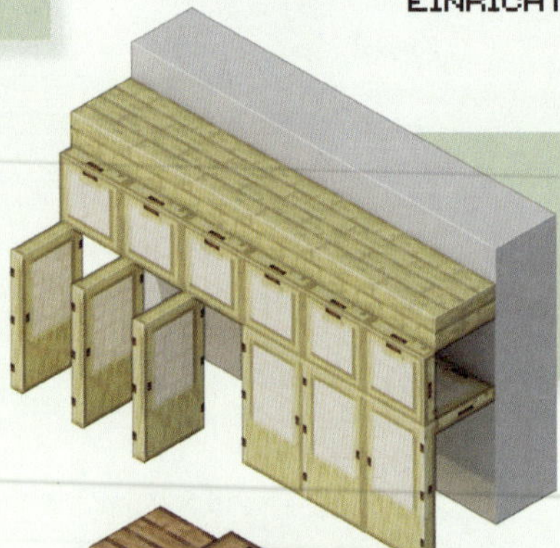

Konstruiere einen großen Schrank aus Birkenholzstufen, Birkentüren und -falltüren.

Baue ein Regal aus Tropenbaumfalltüren, Tropenholztreppen und -stufen. Schick darauf macht sich eine Blume in einem Blumentopf.

Baue ein Doppelbett aus Tropenholzbrettern, Tropenbaumfalltüren, Bannern und Betten.

Dein Bunker braucht noch einen Kühlschrank – verwende dafür einen Eisenblock, eine Eisentür, eine Falltür und einen Steinschalter. Platziere im Kühlschrank eine Truhe mit Nahrungsmittel und setze zwei Räucheröfen daneben, um dein Essen zubereiten zu können.

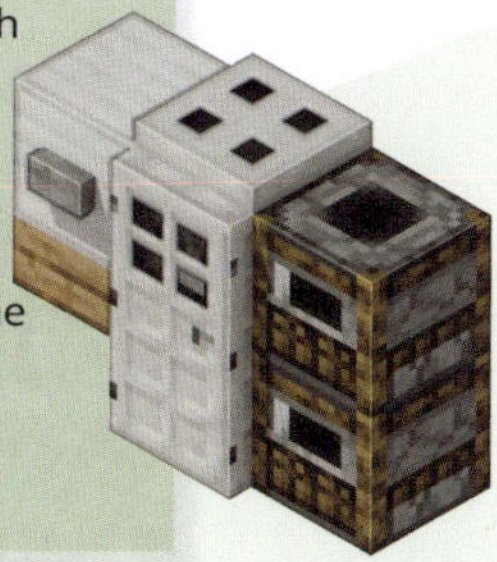

Mit glatten Quarztreppen, Wasserkesseln, einem Hebel und einer Druckplatte kannst du eine Küchenanrichte konstruieren.

Baue aus Tropenholztreppen, Truhen, Glowstone und Öfen mit Schienen darauf einen dekorativen Lagerbereich.

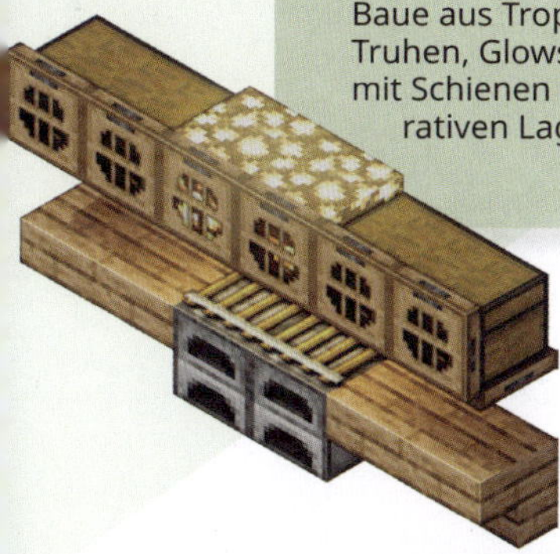

Konstruiere einen Esstisch aus Redstone-Fackeln und haftenden Kolben. Lege unter den Kolben einen Bereich für die Fackeln frei, baue mit Teppichen eine Tischdecke und mit Tropenholztreppen Stühle.

Baue einen Fernseher aus Tropenholztreppen, -stufen, schwarzem Beton und einem Gemälde. Sorge mit einer Redstone-Lampe mit Hebel für angenehme Hintergrundbeleuchtung und mit einem Farn in einem selbst gebauten Blumentopf für das i-Tüpfelchen.

DELFINBRUNNEN

Delfine sind soziale Tiere, die es lieben, mit Spielern zu interagieren. Mit diesem speziellen Brunnen sorgst du in jeder Stadt für gute Laune! Mit Prismarin kannst du eine lebensechte Delfinstatue entstehen lassen.

SCHWIERIGKEIT: ★★☆☆☆

20 Minuten

BAUTIPP

Wenn du das Fundament aus Quarzblöcken und Prismarin einen Block tief in den Boden baust, ist dein Brunnen nicht erhöht.

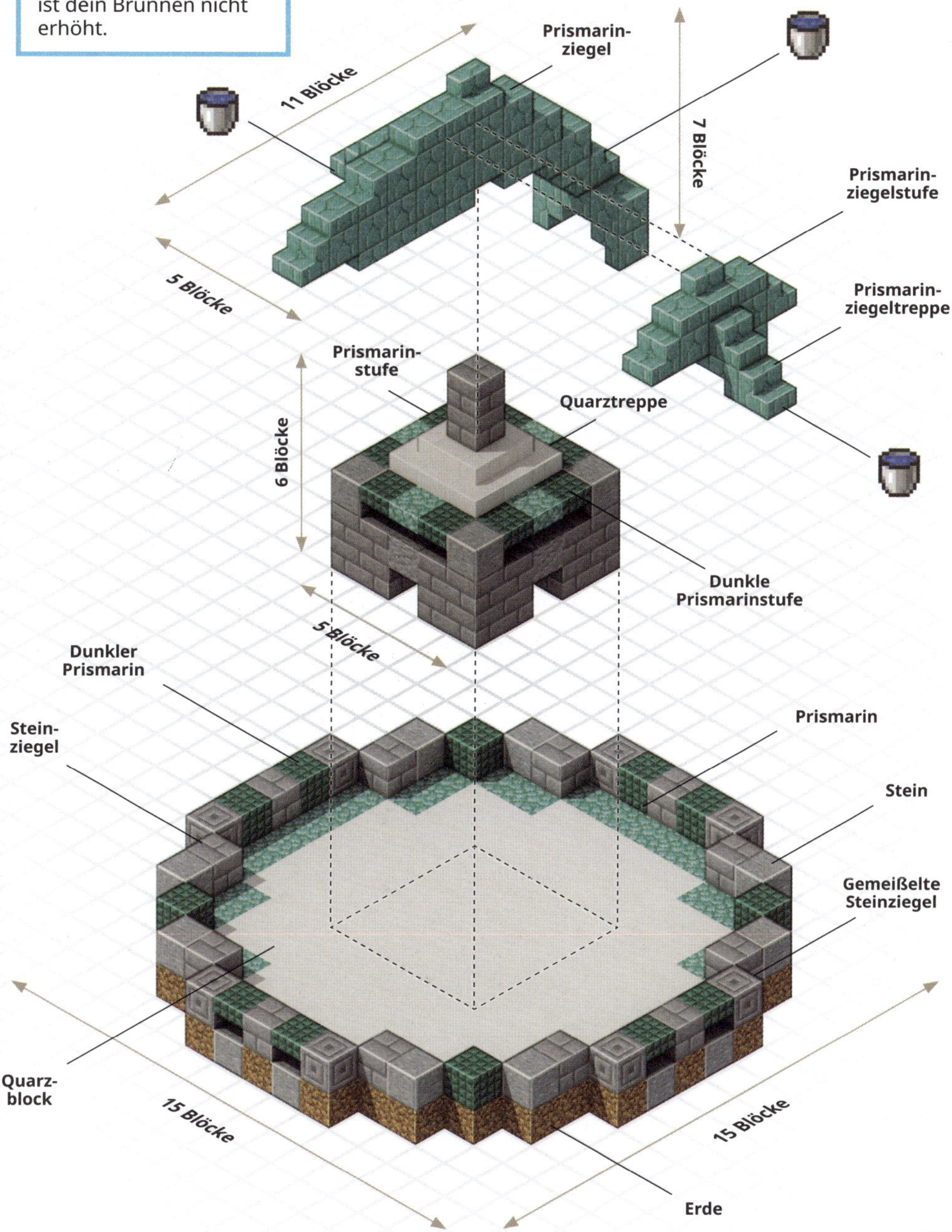

VOGELHAUS-PYRAMIDE

Dieses gläserne geometrische Wunderwerk bietet deinen gefiederten Freunden einen selbst gebauten Baum und reichlich Sitzstangen. Pyramiden sind stabile Strukturen mit vier stufenförmig zulaufenden Seiten und einem quadratischen Fundament. Obwohl sie so beeindruckend aussehen, sind sie überraschend einfach zu bauen.

SCHWIERIGKEIT: ★★★☆☆

30 Minuten

1

Beginne mit dem Fundament für dein Vogelhaus und verwende dafür Grasblöcke, Quarzziegel und Schwarzstein.

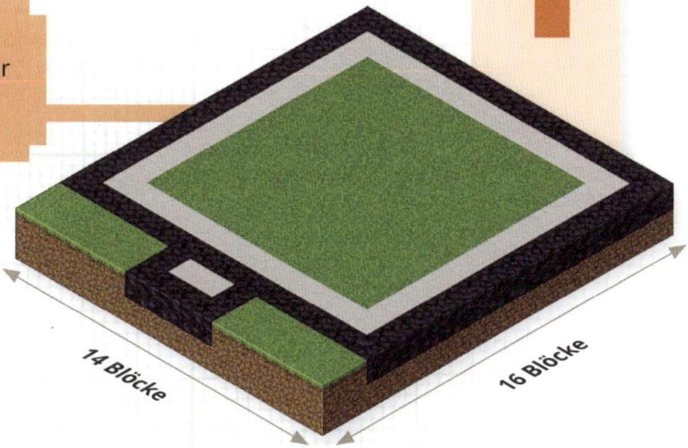

2

Baue auf den Fundamentkonturen zwei Blöcke hohe Wände aus polierten Schwarzsteinziegeln und orangem Glas.

3

Setze dann unter Verwendung der gleichen Blöcke einen weiteren Ring auf die Wände – allerdings einen Block weiter innen.

4

Füge einen weiteren Ring – wieder auf allen Seiten einen Block weiter innen – aus poliertem Schwarzstein und polierten Schwarzsteintreppen hinzu.

5

Füge nach demselben Schema drei weitere Ringe aus poliertem Schwarzstein und orangem Glas hinzu – jeder Ring fällt dementsprechend enger aus und deine Pyramide nimmt Form an.

6

Schließe die Pyramide mit einem Dach aus gemeißeltem poliertem Schwarzstein ab. Bringe dann im Eingangsbereich zwei Birkentüren an.

7

Baue als Nächstes eine Vorhalle vor dem Pyramideneingang aus polierten Schwarzsteinziegeln und orangem Glas – auch hier bringst du zwei Birkentüren im Eingangsbereich an.

8

Entferne im Inneren der Pyramide einen Teil der Grasblöcke und baue mit Stein, Steinstufen und -treppen ein Teichbeet. Entferne in der rechten Ecke ebenfalls ein paar Grasblöcke und ersetze sie durch Tropenholz, das die Basis für deinen Baum bildet.

9

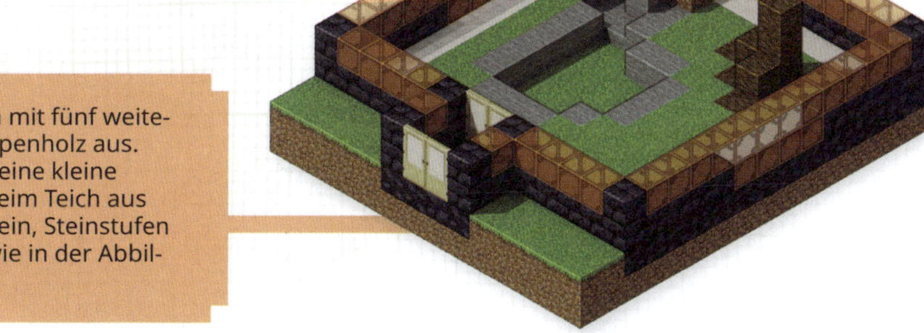

Baue den Baum mit fünf weiteren Blöcken Tropenholz aus. Erschaffe dann eine kleine Aufschüttung beim Teich aus Grasblöcken, Stein, Steinstufen und -treppen, wie in der Abbildung gezeigt.

10

Füge Äste aus weiteren insgesamt fünf Blöcken Tropenholz hinzu und platziere neben dem Eingangsbereich Tropenbaumblätter.

11

Füge dem Baum zwei weitere Äste aus Tropenholz hinzu, wie im Bild gezeigt, und bringe zwei weitere kleine Äste daran an.

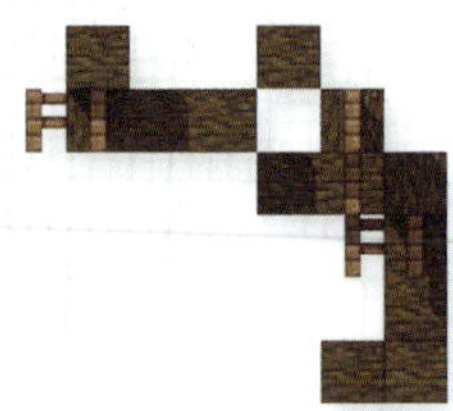

SITZSTANGEN

12

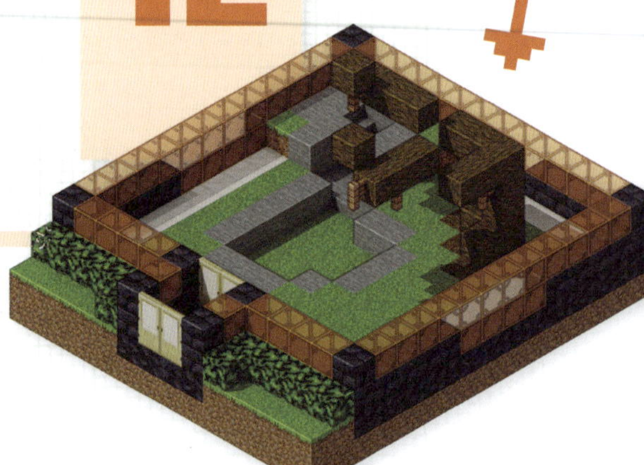

Konstruiere als Nächstes Sitzstangen für deine Vögel aus sechs Tropenbaumzäunen, die du an den Ästen des Baums anbringst.

13

Bekleide die Äste mit Tropenbaumblättern, um den Baum zu vervollständigen.

14

Benutze Wassereimer, um das Teichbeet mit Wasser zu füllen, und platziere dann Farne und Blumen rundherum.

15

Zu guter Letzt lässt du in der Pyramide noch ein paar Papageien frei, um dein Vogelhaus mit Bewohnern zum Leben zu erwecken. Achte darauf, die Türen geschlossen zu halten, damit sie nicht ausfliegen!

TIEFSEE-U-BOOT

Die Tiefen des Ozeans bergen eine völlig andere Welt, und nichts ist besser als dein eigenes U-Boot, um sie zu erkunden. Bei diesem aquatischen Projekt wirst du dich Problemen gegenübersehen, die es nur unter Wasser gibt, wie dem Platzieren von Redstone-Staub oder der Trockenlegung von Räumen.

SCHWIERIGKEIT: ★★★★★

35 Minuten

1

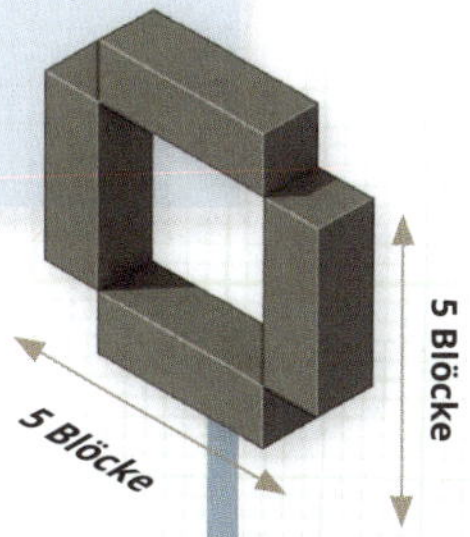

Beginne mit einem ersten Ring der rundlichen U-Boot-Form aus hellgrauem Beton.

2

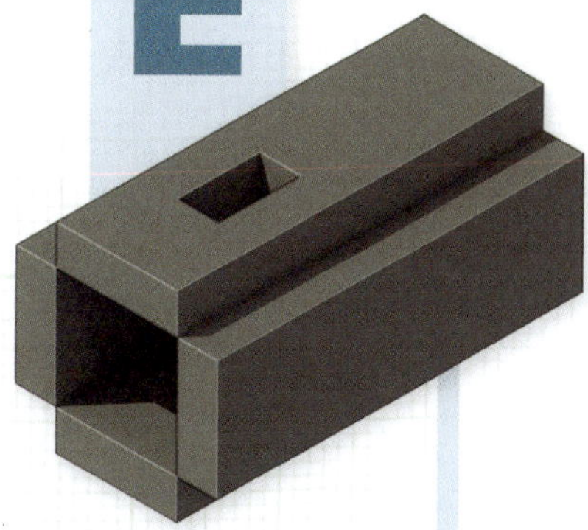

Erweitere den U-Boot-Rumpf zu einer neun Blöcke langen zylindrischen Form und lasse an der Oberseite eine zwei Blöcke lange Lücke frei, wie im Bild zu sehen.

3

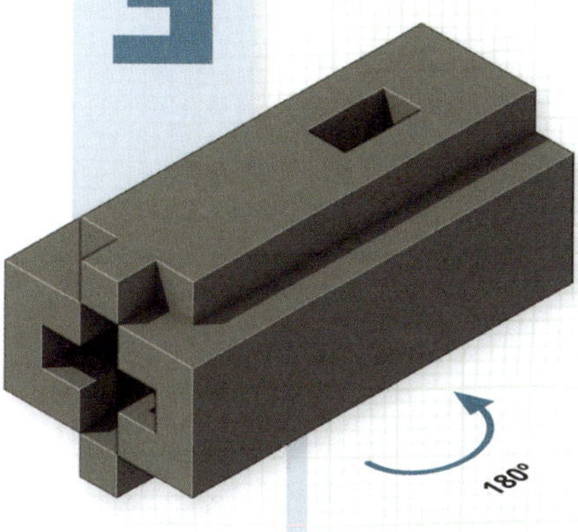

Füge an der Rückseite des Rumpfs eine Wand aus hellgrauem Beton hinzu – in der Mitte bleibt aber eine kreuzförmige Lücke frei.

4

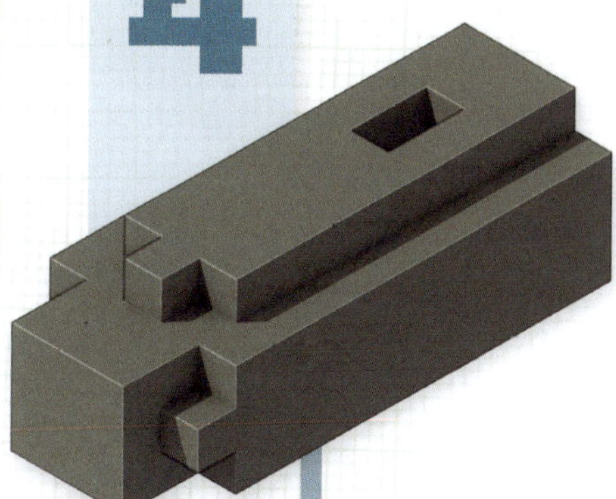

Bringe dann noch zwei weitere hellgraue Betonwände an der Rückseite an, wie in der Abbildung gezeigt.

5

Bringe an der Vorderseite passgenau eine „Nase“ aus Glas und Eisenblöcken an.

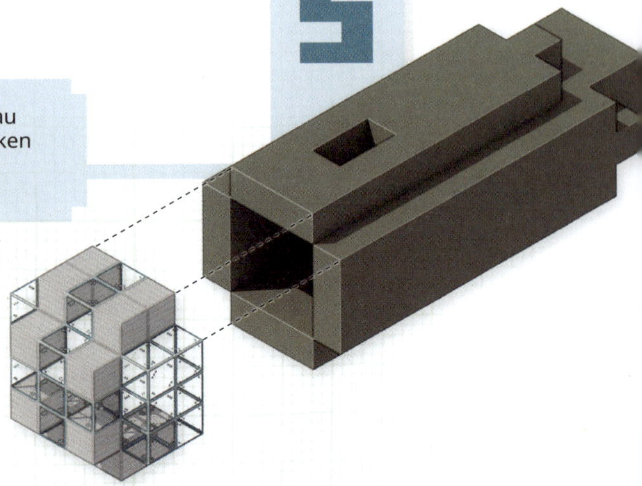

6

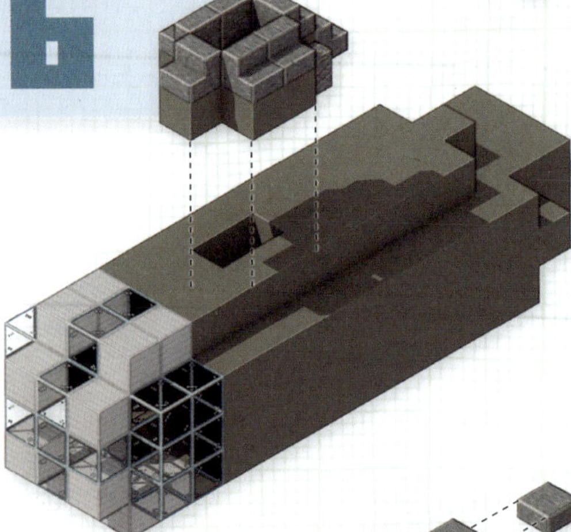

Füge als Nächstes den Turm des U-Boots hinzu, und zwar oberhalb der zwei Blöcke langen Lücke – verwende dafür hellgrauen Beton und polierte Andesittreppen.

7

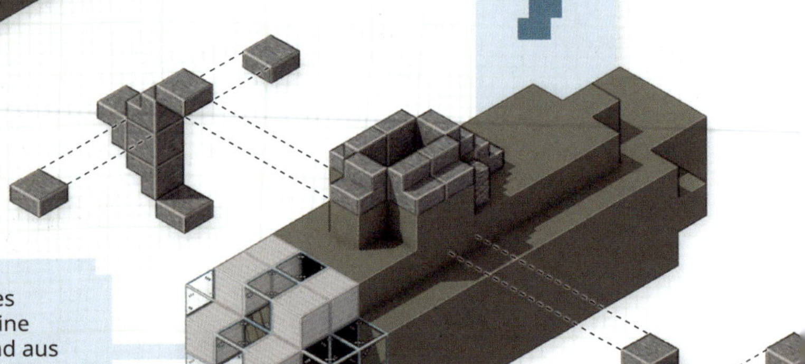

Füge nun unterhalb des Turms an jeder Seite eine Flosse hinzu, bestehend aus poliertem Andesit, polierten Andesittreppen und -stufen.

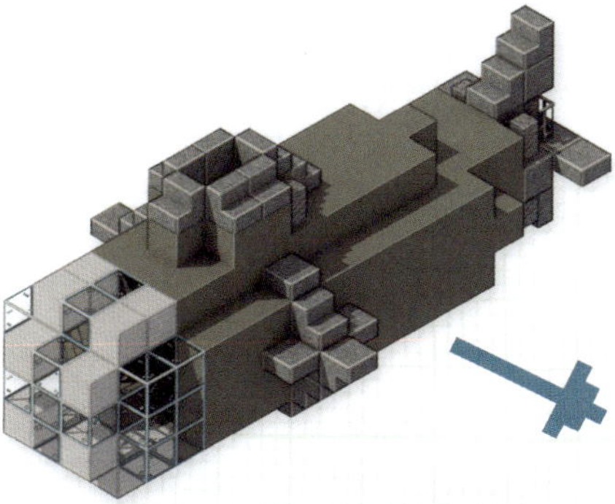

8

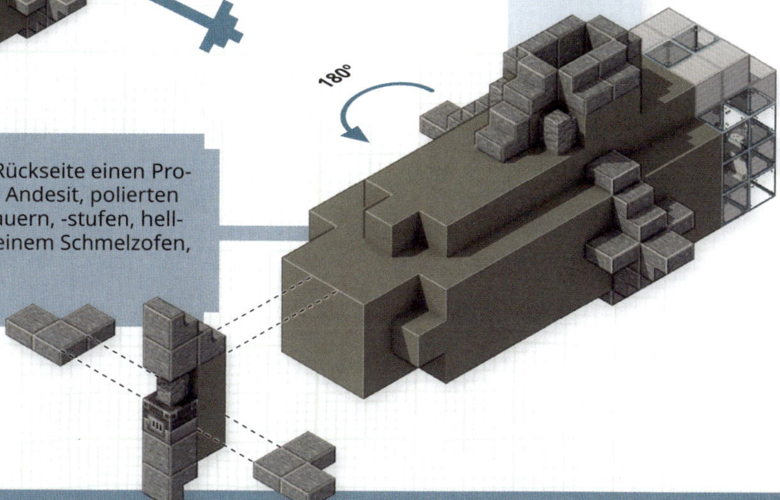

Konstruiere an der Rückseite einen Propeller aus poliertem Andesit, polierten Andesittreppen, -mauern, -stufen, hellgrauem Beton und einem Schmelzofen, wie im Bild gezeigt.

U-BOOT-VERKLEIDUNG

Werte die Optik deines U-Boots mit noch mehr poliertem Andesit auf. Ein paar dekorative Veränderungen machen aus diesem grauen Fisch ein beeindruckendes Tiefsee-U-Boot.

Entferne den hellgrauen Beton neben den Flossen und ersetze ihn durch polierte Andesittreppen und Glas.

Füge an der Rückseite des U-Boots noch mehr polierte Andesitstufen und -treppen hinzu.

UNTERWASSER-LUFTSCHLEUSE

Bauwerke unter Wasser sehen sich mit zwei wesentlichen Gefahren konfrontiert: Flutungen und Ertrunkenen. Das erste Problem kannst du aber ganz leicht lösen, indem du eine Luftschleuse baust. Diese ermöglicht es dir, jede Konstruktion unter Wasser zu betreten und zu verlassen, ohne dass sie geflutet wird.

SCHWIERIGKEIT: ★★★★☆

10 Minuten

BAUTIPP

Redstone-Staub kann nicht unter Wasser platziert werden. Erschaffe mit Blöcken und Schwämmen eine Luftblase um die Schleuse herum, bevor du mit deren Bau beginnst. Sobald du fertig bist, kannst du die Blöcke wieder entfernen.

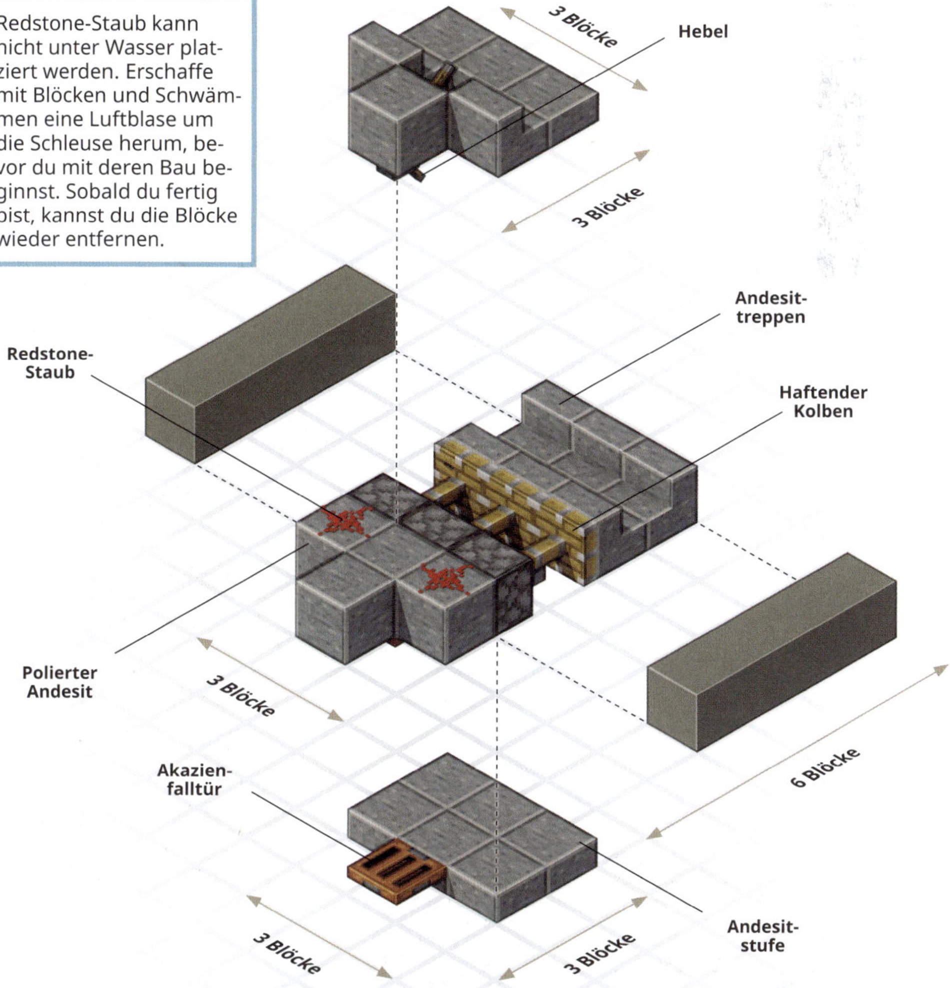

REDSTONE-MECHANISMUS

Diese Luftschleuse ist so angelegt, dass sie perfekt unter das Tiefsee-U-Boot aus dem letzten Projekt passt. Leg einfach den Hebel um, um die Falltür zu öffnen, und klettere hinein! Die Falltür geht hinter dir automatisch wieder zu.

SEITENANSICHT

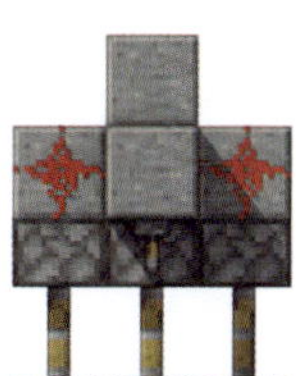

ANSICHT VON UNTEN

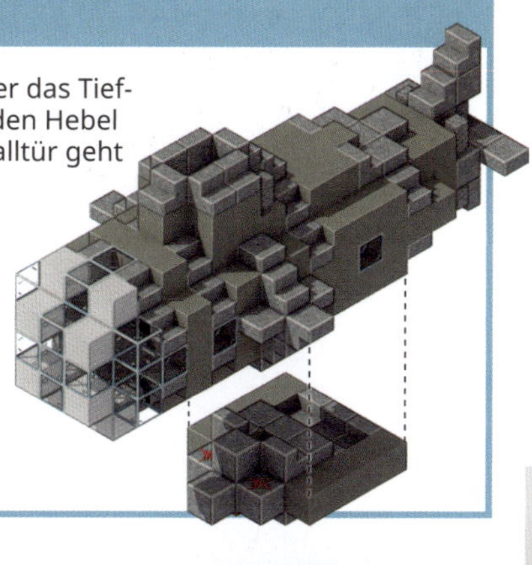

KOMBINATIONSHERAUSFORDERUNGEN

Glückwunsch, wenn du es bis hierher geschafft hast! Du musst ein echter Baumeister sein. Aber noch sind wir nicht fertig! Die Anleitungen in diesem Buch decken eine Vielzahl wichtiger Fähigkeiten der höheren Baukunst ab, aber du sollst dein Können auf die ultimative Probe stellen.

Im Folgenden findest du eine Auflistung einiger Baukombinationen. Für jede dieser Herausforderungen musst du zwei Projekte aus diesem Buch kombinieren und alle Bautipps beherzigen. Wie du die Bauwerke kombinierst, liegt ganz bei dir: Du kannst sie in der Größe verändern, sie aus anderen Blöcken bauen oder ihr Design ganz und gar an deine Wünsche anpassen.

1 HALLOWEEN-LABYRINTH + CREEPER

Erschaffe ein Labyrinth mit einer Creeper-Statue als Herzstück.

2 BRUNNEN + VOGELHAUS

Lass den Brunnen und das Vogelhaus zu einem Bauwerk verschmelzen.

3 BAHNHOF + LORENSPENDER

Erschaffe ein Transportsystem mit mehreren Haltestellen.

4 GEGENSTANDSZERSTÖRER + VERSTECKTER BUNKER

Baue einen versteckten Bunker mit einem Gegenstandszerstörer darin.

5 SCHATZKAMMER + ALARMANLAGE

Deine Schätze sollten dank der Alarmanlage sicher sein.

AUF WIEDERSEHEN

Und das war's auch schon! Wir haben den Himmel erobert, sind in die Tiefsee abgetaucht und haben die Oberwelt vor einer Invasion aus dem Nether bewahrt. Und bei Sonnenuntergang haben wir uns in eine Strandhütte zurückgezogen und die Seele baumeln lassen.

Aber damit hört der Spaß nicht auf! Jedes dieser Bauprojekte lehrt dich wichtige Fähigkeiten, die du auf vielfältige Weise anwenden, abändern und wiederholen kannst. Wir hoffen, dass du beim Bauen ein paar neue Tricks gelernt hast und dass sie dich inspiriert haben, neue Kreationen zu erschaffen und alte auszubauen. Wir können es nicht erwarten, zu bestaunen, was du mit dem neu gewonnenen Wissen alles auf die Beine stellst.

Und vergiss nicht, es gibt keine richtige oder falsche Art, in Minecraft zu bauen. Es ist dein Spiel, und du bist der Herr oder die Herrin deiner eigenen Welt. Also bis zum nächsten Mal und baue, was das Zeug hält – sei kreativ, folge deinem Instinkt und hab Spaß!